これでもやるの？
大阪カジノ万博

賭博はいらない！

夢洲はあぶない！

カジノ問題を考える大阪ネットワーク編

日本機関紙出版センター

はじめに

ギャンブル大国日本の現状

長引く消費不況のもとで、商店街は「シャッター通り」に、住居地域では櫛が抜けたように「空き地」と「空き家」が目立ちはじめて久しい。他方、商店街にも、国道にも、テナントビルの中にも、街じゅうに見受けられるパチンコという名のギャンブル施設の電光だけは異彩の輝きを放っています。

日本には1万店を超えるパチンコ店があり、その年間売り上げは最盛期で約30兆円、景気の低迷している昨今でも十数兆円とも言われています。30兆円と言えば日本の年間医療費の総額に相当するほどで、世界一のカジノ場であるマカオの年間売上げの2兆から4兆円をはるかにしのぐ額なのです。

パチンコだけではありません。競輪、競馬、競艇などの公営ギャンブル、宝くじ、サッカーくじ等、事業として存在するギャンブル施設も売上げが右肩下がりとはいえ、依然、日本のギャンブルにおける一定のシェアを占めています。

私は、カジノ問題にかかわるようになってから台湾と韓国へ視察等に出向きましたが、どちらの国でも、日本のような、パチンコ店が駅前や幹線道路のいたるところに群雄する光景は見られません。日本のパチンコ店の乱立状態は、外国人から見ると、カジノホールのような「大規模なバクチ場」が街の至る所にあるという異様な光景なのだそうです。

そしてその異様な光景のバクチ場には、いつでも、どこでも、だれでも、何のチェックもなしに、いとも簡単に入場でき、直ちに賭博行為ができるということも輪を掛けて異常なのだそうです。18歳未満入場禁止という張り紙はあっても無きが如し、店員による年齢確認もほとんどされず、入場者のほぼ全てがフリーパス、いわば野放し状態というのも海外ではまったく異常なことなのです。

依存症対策すらない異常さ

世界でも有数のギャンブル大国である日本では、国民の20人に1人がギャンブル依存症（2015年厚労省研究班調査）の状態にありますが、ギャンブル依存症に対するまともな施策や対策は無いに等しい状況があります。

日ごろ、私たちがカジノ問題で街頭宣伝や集会・シンポジウムをしていても、あるいはネット上の意見を見ても、「カジノ問題よりパチンコはどうするねん。今あるパチンコを何とかせぇ」という声が出されます。その声は、「カジノ解禁法案のことなどどうでもよい」と聞こえ、最初の頃、カジノ反対の運動に横槍を入れることばのように思えました。

しかしながら、よく考えてみれば、そのようなご意見をおっしゃる方がたこそ、いま日本でもっとも大きなシェアを占めている主要ギャンブルたる「パチンコ」（日本はパチンコをギャンブルとは認めておらず『遊戯』と称している）の被害に遭われたご本人あるいはご家族なのであり、また、その被害による悲惨な人生を体験ないし見聞されたことのある方々なのです。

そのことを頭に入れつつ、ご自身やご家族らが、いったいどのような被害に遭われ、悲惨な場面に遭遇されたのか、に耳を傾ける必要があります。

冒頭で述べたとおり、すでに日本は世界でも有数のギャンブル大国であり、私たちは「ギャンブル大国」のなかで日常生活を送っています。

ところが、ギャンブル依存症という被害を、私たちが「被害」と実感できないのは、それが「自己責任」という個人の資質の問題にすり替えられているからです。

ギャンブル依存による犯罪のニュースは日々ちまたにあふれていますが、その元凶であるギャンブル場の責任について報道されることはなかったというのが実情ではないでしょうか。

たちむかう～このうえ更にカジノ賭博場？～

これほど異常なギャンブル大国である日本に、さらに新たなギャンブル「カジノ」を解禁しようという推進派の人たちはそれを、1990年代から構想していました。2010年には、超党派の国際観光産業議員連盟（IR議連）が結成され、2013年12月、カジノ解禁法案（特定複合観光施設区域の整備の推進に関する法律案）が国会に提出されるに至ります（参照：『カジノ狂騒曲』竹腰将弘・小松公生／共著、第六章「カジノ狂想曲を奏でる人びと、踊る人びと」）。

法律実務家として早くから多重債務問題に取り組んできた私は、多額の借金を抱える原因のひとつに「ギャンブル依存症」問題があることはそれなりに承知していました。それゆえ、ギャンブル依存症問題を社会的に取り組まなければならないはずの日本で、それに逆行するかのように巨大ギャンブル場施設「IR型カジノ」を誘致しようという、こんな異常な法律が上程されるとは思い至らなかった私にとっては、驚愕の事態でした。

2013年3月、大阪で「カジノ問題を考える大阪ネットワーク」が、翌年4月には中央段階で「全国カジノ賭博場設置反対連絡協議会」が結成されました。そして、カジノ招致を表明する自治体で住民たちが運動組織を立ち上げていきました。

国会議員への要請、国会での集会、街頭での宣伝、シンポジウム、行政への申し入れなど、カジノ解禁を許さない多彩なとりくみが、中央で、地域でつくられていきました。大阪では「アカン！カジノ女性ネットワーク」による女性アピール運動もとりくまれました。

たたかいはこれから～本書の活用を～

2016年12月15日未明、国民の60％以上が反対するなか、わずかな法案審議と異常なまでの暴力的な与党の国会運営により、自民・公明・維新の賛成多数で「カジノ合法化法」が成立しました。翌日、大手商業新聞がこぞって反対の社説を著す異常な事態となっています。

カジノ解禁法は、「整備法」であり、カジノ招致のための具体的な事柄については、「実施法」に委ねられています。カジノ招致運動との本格的なたたかいはこれからが本番です。

台湾の澎湖島では、カジノ賭博場誘致の是非をめぐって行われた住民投票（2016年10月15日実施）で、投票総数の81％の圧倒的反対でカジノ招致計画を断念させました。台湾のこの闘いは、住民世論に依拠して闘えば必ず勝利できるということを私たちに教えてくれています。

私たちは、これまでの運動の中で集積されてきた成果を、多くの市民・国民のみなさまにお伝えし、カジノ賭博場の誘致を許さない運動に役立てていただきたいと思っています。

本書は、大阪府・市が、万博誘致にまぎれてカジノ賭博場をつくろうとする目論見に対し、2016年10月に開催したシンポジウムの内容をブックレットにしたものです。

本書が、大阪府下・近畿一円はもとより、カジノ解禁を憂う全国のみなさまの学習や討議の資料として活用されれば望外の幸せです。

カジノ問題を考える大阪ネットワーク副代表
（大阪クレサラ・貧困被害をなくす会（大阪いちょうの会）事務局次長）
司法書士　新　川　眞　一

〔もくじ〕　これでもやるの？　大阪カジノ万博

第3章　夢洲開発は危険でムダ
――南海トラフ巨大地震による夢洲での予想される被害

第1章「健康長寿万博でカジノ？」

桜田照雄（阪南大学教授）

夢洲でカジノ・万博――考えねばならない4つの問題

「夢洲《ゆめしま》でカジノがついた万博を大阪府・市が一体となって開催する」ことについて、私はこの問題が、つぎの四つの問題から成り立っていると考えます。

一つは、「夢洲以外なら」万博（万国博覧会）を開催することはかまわないのかという問題。つまり「夢洲」という開催場所に問題があるのか、ないのかという問題です。二つ目は、「カジノがついた万博」を開催するのかという、「カジノ」と「万博」を結びつけるやり方の問題。三つ目は、「万博」そのものの開催を認めるのか、認めないのかという問題。そして、こうした一連のイベントによる地域開発を「大阪府や大阪市」という自治体が行うことに問題はないのか、ということです。

私の結論

結論を先取りすれば、①夢洲は危険です――夢洲は埋め立て地であり、大阪湾岸断層帯の存在を考えれば、いつ地震がきてもおかしくはない、地震がおこれば4mもの津波が襲いかかる、そんな土地で半年間で3000万人も集まるようなイベントは、常識的にみてやるべきではありません。②「カジノ」は賭博です――「カジノ」とは賭博にほかならず、依存症の問題や青少年への悪影響が懸念されるほか、そもそも事業として成長への展望がないものを、作らせる必要はさらさらない。③夢洲万博は大阪万博とは別物です――技術開発を競い合い、「人類の進歩と調和」をうたった大阪万博（1970年開催）とは違って、改正された国際博覧会条約によって「人類共通の課題の解決策を提示する理念提示型」の博覧会となります。企業がお金を出し合って、こうした博覧会を開催することに、くちばしを差し挟もうとは思いません。勝手にやらはったらよろしい。ところが、大阪府や大阪市だけでなく国の税金を使ってまで、果たしてやるべきことなのか。一部の大企業だけが儲ける手段に博覧会を利用するだけではないのか。私はそう考えるので、「万博」そのものにも反対の立場です。④「自治体の賭博」は、ご法度です――「大阪府・大阪市」という自治体が、なぜ賭博に手を出すのか。おかしいやないか。

昨年（2016年）の12月2日に、衆議院内閣委員会はわずか6時間弱の審議で、賭博を解禁する法案を可決しました。賭博を合法化するには、憲法13条によれば、賭博は「公共の福祉に反しない」との理由づけが必要です。常識をわきまえた人であれば、そうした理由づけが、まったく困難であることは容易に理解できるのではありませんか。安保法制を成立させて立憲主義をないがしろにした安倍内閣だからこそ、こんどは自民党・日本維新の会さらには公明党の一部の議員も加わって、立憲主義に反する賭博解禁法を議員立法で成立させたのです。なんと愚かなことでしょう。

1．夢洲とはどんなところなのか

開発の経緯

【図－1】大阪の湾岸開発の今

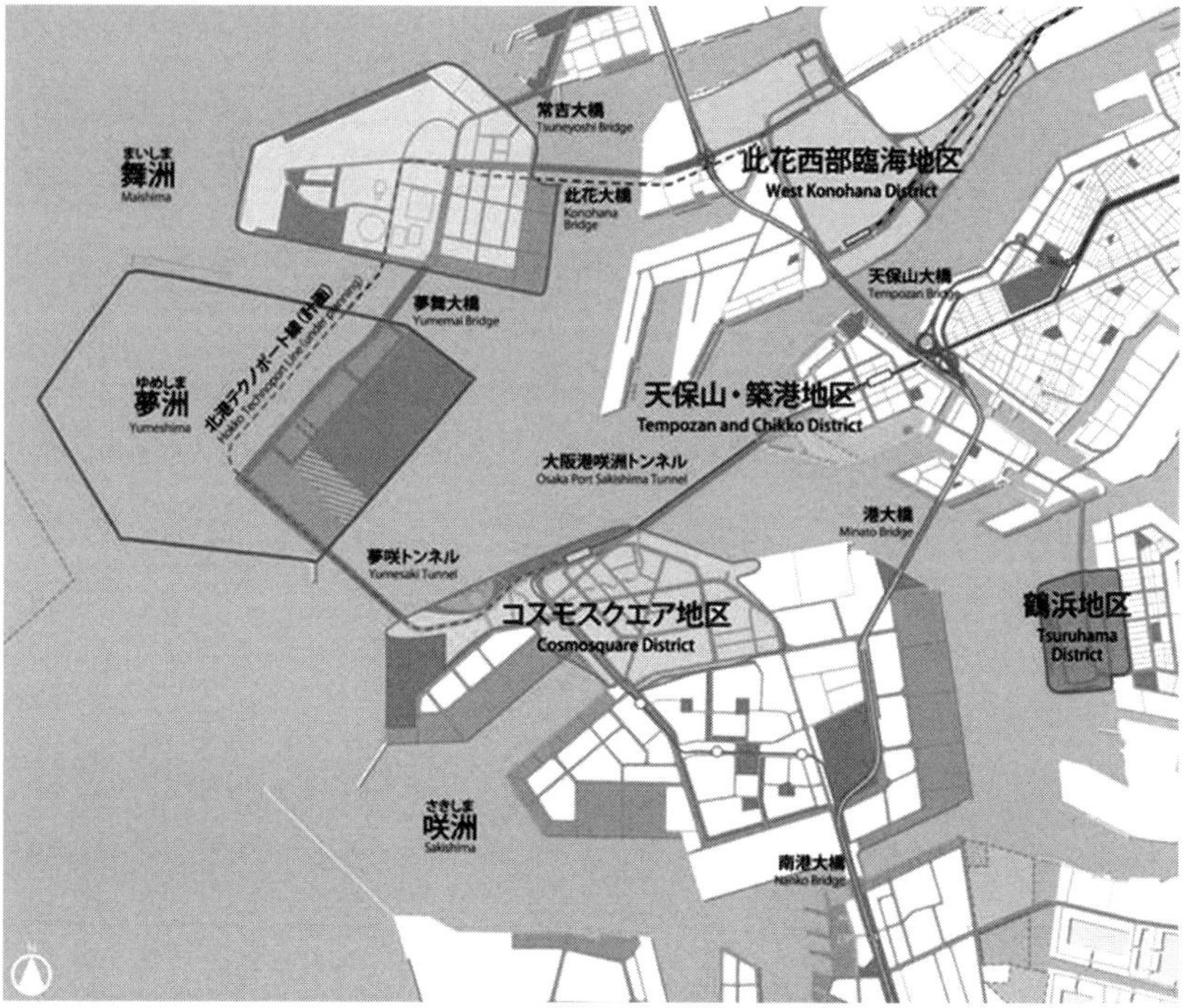

出所：大阪府ホームページ「住宅まちづくり部都市空間創造室都市空間創造グループ」作成
http://www.pref.osaka.lg.jp/daitoshimachi/granddesign/yumesimasakisima.html

図－1は、万博・カジノの舞台となる夢洲を中心に、咲洲《さきしま》（従前は南港と呼ばれていました）と舞洲の三つの島——大阪湾岸開発（ベイエリア開発）で造成された埋め立て地——を紹介したものです。

江戸時代の鴻池新田（鶴見区）・九条新田（西区）・加賀屋新田（住之江区）などの新田開発に始まる大阪湾の埋め立て工事は、第二次世界大戦前には港区や大正区での造成が進められました。ここで話題となる三つの島については、まず1958年の南港（咲洲）地区のフェリーターミナル周辺地の埋め立てから始まりました。

イベントがインフラ建設の口実に

カジノを中心とした統合型リゾート(IR)を誘致する法案が、衆議院内閣委員会で可決されました(2016年12月2日)。3年前には審議ができず廃案になった法案ですが、可決されたことで、国や自治体レベルでの関連法案や予算案の作成に拍車がかかります。また、2025年の国際博覧会(万博)の開催候補地に夢洲が名乗りをあげたことで、舞洲《まいしま》の土地造成やインフラ整備も加速することでしょう。万博(万国博覧会)にせよ、カジノという賭博場の誘致にせよ、人を集めて、集まってきた人たちに「おカネを使っていただく」仕掛け(集客政策)なのですから、その場所に人を集める交通手段(交通インフラ)が、イベント成功へのカギとなります。

図1-2(ベイエリアへのアクセス案)は、カジノ・万博開催に合わせて建設が計画されている鉄道インフラです(2014年9月発表)。橋下市長(当時)は「将来の可能性を考えれば、JR桜島線の延伸がいちばん発展の可能性がある」と述べました(日本経済新聞大阪夕刊、2014年9月18日)。夢洲への鉄道アクセスとしては、中之島新線延伸(計画路線)と北港テクノポート線(事業休止中)が従来から検討されていましたが、2014年9月の計画では、橋下氏が推奨するJR桜島線の延伸案が加えられました。

この計画によれば、①JR桜島線(USJと桜島を結ぶ)を舞洲経由で夢洲へと延伸する計画は、概算整備費で1700億円を想定しています。②京阪・中之島新線を西九条で阪神なんば線や大阪環状線と連絡させ、新桜島・新駅を建設したうえで、舞洲・夢洲へと連絡させるルート(現在、事業を休止している北港テクノポート線で接続する)が計画されています。この計画では、3500億円の整備費が試算されています。③地下鉄中央線をコスモスクエア駅から夢洲に延伸させる計画では、540億円の整備費が試算されています。

関西経済界も市長も「口実」と認める

【図－2】夢洲への鉄道アクセスの技術的検討報告書

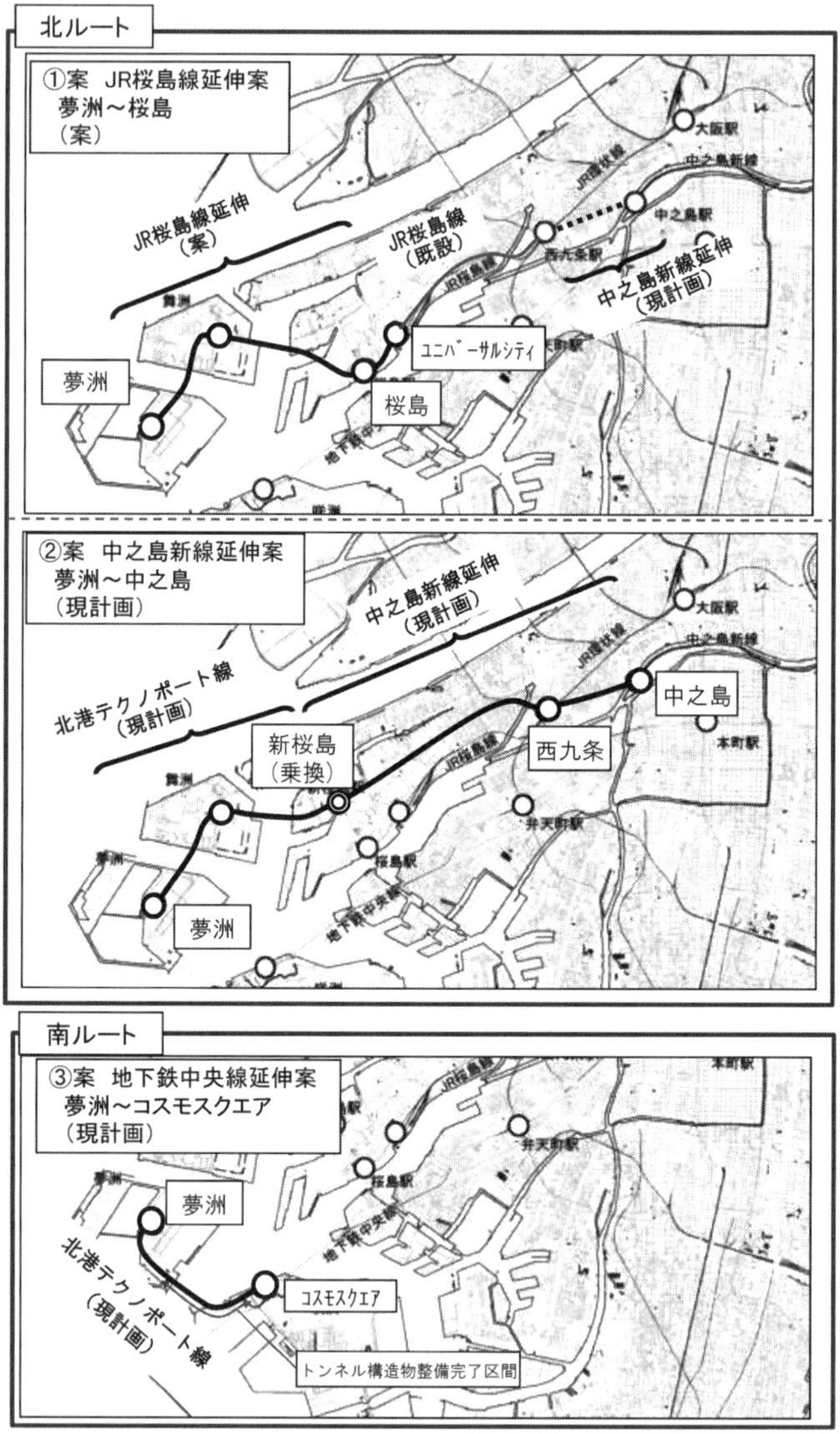

出所：夢洲への鉄道アクセスの技術的検討報告書（大阪市）
http://www.city.osaka.lg.jp/keizaisenryaku/cmsfiles/contents/0000283/283237/tetsudouhoukoku140926.pdf

関西経済同友会の蔭山秀一代表幹事（三井住友銀行副会長）は、「ＩＲができれば万博のためだけにインフラ整備をしなくて済む」と語ったことを朝日新聞が報じました（２０１６年11月22日付）。小川陽太大阪市会議員（日本共産党）が行った「万博を開催するうえで欠かせないとされる夢洲・咲洲間の鉄道建設だが、財政が大変厳しい状況にある開発者（大阪市）が、鉄道建設費用の4割を埋立事業会計で負担することになるが、鉄道の建設を進めることができるのか」との質問に対して、吉村大阪市長の答弁は、なんと、「万博とともにカジノを中核とした統合型リゾート（ＩＲ）のために整備を検討するものだ」と本音をあらわにするものでした（小川陽太事務所だより、２０１６年11月号）。

オリンピックのように国家的なイベントが開催されるときは、都道府県の府庁や県庁などや、市役所、地方の新聞、商工会議所などの経済・商工団体、地元の有力企業などがおしなべて招致委員会などに取り込まれてしまいます。「万博を国家イベントに」との声は、そうすることによって、「国民的行事」との宣伝をマスコミに担わせ、招致のための大規模公共事業や関連施設の建設を優先させる仕組みづくりでもあるのです。公共事業は税だけでなく、借金によっても賄われるので、自治体の財政を圧迫し、福祉事業や教育事業が後回しにされたり、場合によっては削減されてしまいます。たとえば、イベントがあるから病院をつぶす、といったことです。自治体が大規模イベントの誘致に向かうとき、そうしたイベントと地方自治や住民自治とのかかわりが、もっと議論されてよいのではないでしょうか。今後の議論の展開に期待したいと思います。

カジノ・万博用地（夢洲）は防災に難点

埋め立てを進めてきた大阪湾には、阪神・淡路大震災を引き起こした六甲・淡路島断層帯とならんで、活断層である大阪湾断層帯が走っています。内閣府は中央防災会議「東南海・南海地震等に関する専門調査会」（２００８年12月）で、「大阪湾断層帯」による地震が発生したとき、夢洲周辺では２m程度の、堺市から南では５m程度の津波が押し寄せると予想されています。

気象庁のホームページによれば、津波は、通常の海の波のように表面だけがうねっている波とは大きく異なり、海底から海面までのすべてが移動する、大変スピードのあるエネルギーの大きな波です。津波の高さが１mを超えると、木造家屋等に被害がではじめ、２mでは木造家屋は全面的に破壊されます。３mを超えると予想されるときは、大津波警報が発令されます。１mの津波に巻き込まれると「ほぼ助からない」と言われています。

田結庄良昭神戸大学名誉教授も、著書のなかで、「大阪湾断層帯」で地震が発生すれば、液状化と津波で大阪湾岸は壊滅すると指摘します(1)。カジノや万博のような数十万もの人々が集まる施設を断層帯の周辺に建設するのは、都市防災の観点からもけっして望ましいものではありません。

2．万博にかこつけてカジノ？

人を集めれば地域が潤う？――集客経済（外部依存）の経済効果？

１で述べてきたことをあらためて整理しますと、夢洲を含めた大阪湾岸開発は、産業廃棄物や家庭ゴミ、港湾整備のリニューアルからもたらされた浚渫《しゅんせつ》土砂などを埋立地の造成に活用することで、産業開発の用地づくりとして行われました。せっかく出来た土地なのだから、使わなきゃもったいないとばかりに、そのときどきの国の産業政策や国土開発政策を取り込んで、大阪府や大阪市の地域経済政策の舞台となりました。もっともこのことは、国からの補助金を取り込んだり、「土建国家・日本」と揶揄されるように、ゼネコンへの市場提供の場にもなったのは、よく知られたことです。大阪ではとくに、市営地下鉄の建設が「土木工事・トンネル工事の実験場」の様相を呈していたことから、大阪湾岸の土地開発は地下鉄を含む交通ネットワークの建設としても進められていくことになりました。

大阪府や大阪市は、かつてはオリンピック誘致に名乗りをあげ、そして今回は万博開催に名乗りをあげるとともに、観光業界では「集客の切り札」ともよばれる賭博場（カジノ）を誘致しようとさえしています(2)。

顧みれば大阪府・大阪市は、とくに大阪市にあっては、1995年に市長に就任した磯村隆文氏が「国際集客都市」構想（観光やスポーツ振興で都市の活性化を図る計画）を掲げて以来、マラソンをはじめとする陸上競技大会やスポーツイベントの誘致、観光産業の振興といった「集客産業」政策が、大阪府・市の主要な地域経済政策として位置づけられてきました。結果として、大阪の地域経済政策はこうした集客政策に矮小化され、消費税に苦しむ自営業者や中小企業家を支援し、地域の地場産業を育成する政策や、社会保障の充実がないがしろにされてきたようにも思われます。そしていま、集客産業政策の頂点をなす万博の誘致・賭博場（カジノ）の誘致に、大阪府・大阪市は本格的に乗り出そうとしています。果たしてこれでよいのでしょうか。

万博誘致・賭博場誘致の理由として大阪府・市があげるのは、「経済効果」です。それぞれを誘致すれば、万博の場合、数兆円の経済効果がもたらされると大阪府はいいます。また、賭博場誘致については、カジノ運営業者が「数千億円の投資をしてくれる」と府知事は期待感をあらわにしています。

1970年万博の「物語」は過去の神話

1970年に千里丘陵を舞台に開催され、6400万人もの集客を果たした「大阪万博」。そこでは「人間の営みの到達点を見せる」ことをテーマにしました(「人類の進歩と調和」)。

ところが、1988年に万博の「質の向上」をはかるために国際博覧会条約が改正され、2025年に開かれる万博は「地球規模の諸課題への世界共通意識を普及させ、人々が連帯してその解決に向かう出発点を示す」ものとなります。国際博覧会事務局が求めるこうした「性格付け」とは裏腹に、万博を誘致する大阪府の問題意識は、「大阪の成長戦略」にこうした国際博覧会をどう位置づけるかにあるようです(3)。大阪府が掲げたのは、「集客力強化」「人材力強化」「産業・技術の強化」「物流人流インフラの活用」「都市の再生」という「5つの柱」でした。橋爪紳也氏をはじめとした「有識者委員」もまた、博覧会の「性格変更」への自覚に乏しいようです。たとえば、橋爪氏の次の発言にそのことを見ることができます。橋爪氏は、「国際博覧会は、社会実験の場、仮設空間に毎日数万人もの人が入る。さまざまな行動、さまざまな営みがある半年間の社会実験都市だ」と述べました。有識者として意見を求められた山崎亮氏は、「市民の方々は楽しい、美しい、ワクワク感がないと参加しない。国際博覧会には、『美しさ』や『楽しさ』、『わくわくする気持ち』を生み出す力があり、これまでとは違った『地域住民の主体性をつくる場』にできるのではないか」との意見を表明しています。

「大阪の成長戦略」の一環としての「2025年万博」

大阪府は2016年8月の「試案」で、「21世紀の健康の問題は個人の問題をこえて、まさに人類社会全体の課題である」とし、「社会を変容させる〝新しい博覧会〟へ」を打ち出しました。そして、「『人類の健康・長寿への挑戦』をテーマに掲げた国際博覧会を開催する」としたのです。

1500～1600億円程度の会場建設費と900億円程度の運営費を見込み、半年間で3000万人の入場者を集める計画です。観客の輸送にあたっては、地下鉄中央線を延伸させる（北港テクノポート線）としています。

経済効果としては、①医療関連分野における開発促進と市場拡大、②インバウンド観光集客のほか、③幅広い産業分野への波及を想定した結果、府内で3・3兆円、全国で約6兆円の生産誘発額と、府内で25・5万人、全国で約34万人の労働誘発量が得られるとしました。

万博開催と経済効果――取らぬ狸の皮算用

これらは、産業連関表という経済統計にもとづいて計算されます。生産誘発額や労働誘発量とは「経済波及効果」「経済効果」と同じ意味で使われています。こうした波及効果とは「ある部門に1単位の最終需要が生じたとき、各生産部門の生産額は、何単位誘発されるか」を統計処理します。直近の資料である「平成20（2008）年大阪府産業連関表（34部門）」によれば、建設業での1単位（たとえば1億円の需要＝建設会社への発注額）は、対事業所サービスで0・11単位（1100万円）の生産（売上）を誘発する、34部門では1・31単位（1億3100万円）の生産が誘発されると計算されます。大阪府の計算にあたっては、**表I－1**のような直接・間接的な誘発効果が想定されていました。

実は、大阪府のこのプランと軌を一にしたものがあります。関西経済同友会の「夢洲ウェルネスリゾート」計画です。**図I－3**に示しておきました。「夢洲ウェルネスリゾート」は、「美と健康を求める世界の富裕層と新中間層」をコア・ターゲット（来てほしい上客）として、博覧会に来た内外の富裕層に「博覧会」（＝見本市）で示した商品やサービスを5年間にわたって買い続けてもらい、あまつさえ賭博場に誘って、万博とカジノとの「相乗効果」を発揮しようという魂胆なのです。

私たちが抱いていた「70年万博」へのイメージは、アメリカやソ連（当時）といった大国だけではなく、アジア・アフリカ・中南米諸国の人々の文化や生活、そしてなによりも「人類の幸福」を正面から掲げた――それは経済的な豊かさが「幸福」のバロメーターだった――ことへの人々の共感があればこそだったと思います。借金でまかなう「インフラ建設のための万博」であり、「金儲けのための万博」であり、そしてなによりも賭博と結びつけられた万博というイベントは、まっとうな考えの持ち主であれば、とうてい受け入れることはできないと私には思われます。

【表－1】万博開催の経済波及効果（大阪府試算）

万博開催（愛・地球博相当）による経済波及効果（府内）　＜標準試算＞
【建設・運営・消費支出(A)】8,690億円 → 【経済波及効果（B）】11,279億円
＋
万博開催による直接・間接（誘発）効果（府内）　＜オプション試算＞
【直接効果】*開催前・開催中*　※想定入場者数：2,200万人（愛・地球博相当）
①オーダーメイド型医薬品・医療サービスの普及・定着　3,300億円　※66万人/年（想定入場者の3%）×10万円/人×5年
②次世代型ウェアラブル端末等の普及・定着　1,650億円　※110万人/年（想定入場者の5%）×3万円/人×5年
③次世代型携帯端末機器の普及　2,200億円　※440万人/年（想定入場者の20%）×5万円/人
④開催前の観光客（訪日外国人、国内旅行者）の増加　2,410億円　※482億円（愛・地球博の総消費支出の5%（半年）×2）×5年
⑤開催に向けた企業の研究開発・設備投資等　1,140億円　※228億円/年（府内民間設備投資の3%）×5年
【間接（誘発）効果】*開催後（大阪・関西の魅力度や知名度の向上による）*
⑥開催後の観光客（訪日外国人、国内旅行者）の増加　2,410億円　※482億円（愛・地球博の総消費支出の5%（半年）×2）×5年
⑦国際会議・大規模イベントの開催　※国際会議1回あたりの経済波及効果141億円（21,316億円/151件）
⑧国内企業・外資系企業の進出　※参考値：某外資系製薬会社の従業員 約2,700名
⑨国内転出・海外移転企業の再進出
⑩高度人材集積による研究開発拠点等の形成
【上記①～⑥の効果(C)】13,110億円 → 【経済波及効果（D）】17,580億円
＝
万博開催による経済波及効果（府内）（総合計）　＜標準＋オプション試算＞
【総需要(E:A＋C)】21,800億円 → 【経済波及効果（F：B＋D）】28,859億円　F/E=1.32

出典：大阪府ホームページ

3．万博と賭博場（カジノ）のコラボレーション⁇

賭博解禁法への新聞各社の批判あいつぐ

　2016年12月2日、衆議院内閣委員会で「賭博解禁法案（「統合型リゾート（IR）整備推進法案」）が、安保法制に引き続き立憲主義をないがしろにするやり方で採択されました。この暴挙に対して新聞各社は一斉に暴挙を批判する社説を公表しています。

　読売新聞は「人の不幸を踏み台にするのか」と題する社説を掲載しました。以下、各社の見出しを追ってみますと、「カジノ法案　唐突な採決に反対する」（毎日）、「カジノ推進法　有害不要な施設　廃案を」（信濃毎日）、「カジノ法案　危うい賭博への暴走」（朝日）、「カジノ解禁法案　懸念解消を先送りするな（産経）、「カジノ法案、危うい発想　容認できぬ」（中

【図－3】関西経済同友会の夢洲ウェルネスリゾート構想

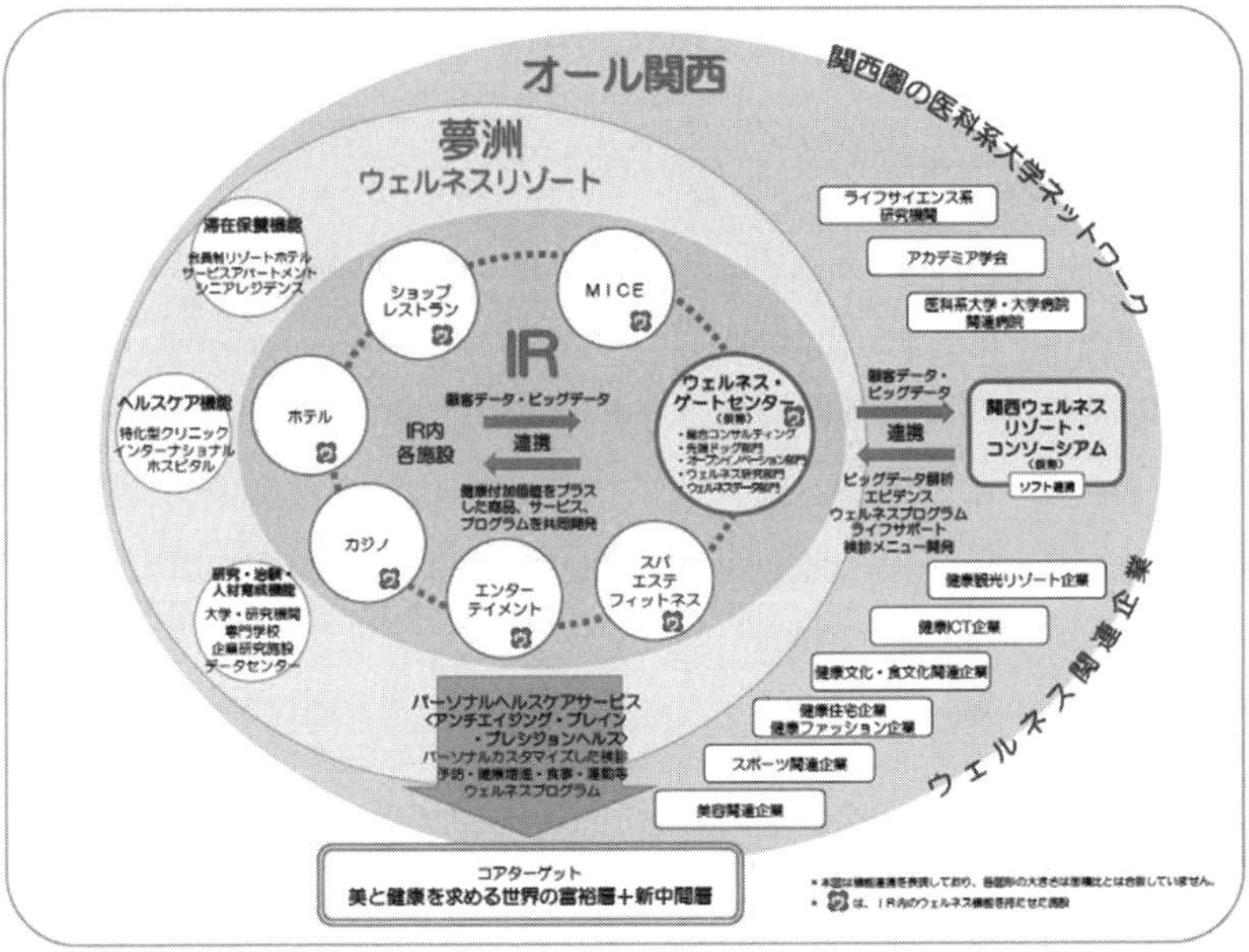

出典：関西経済同友会ホームページ

国）、「『カジノ法案可決』審議の形骸化は深刻だ」（沖縄タイムス）、「カジノ法案可決　懸念何も解消されていない」（新潟日報）、「カジノ法案審議　モラル欠く危険な賭け」（岩手日報）、「カジノ法案可決　懸念な疑問は置き去りか」（西日本新聞）、「カジノ法案　懸念置き去りでよいのか」（福井）、「カジノ法案採決、やはり合点がいかない」（北海道）、「カジノ法案　『負』の部分から目そらすな」（河北新報）と一斉に批判しています。私が経済界の機関紙と考えている日経新聞ですら、「拙速なカジノ解禁は問題多い」と題する社説を掲載しています。

国・自治体が賭博場を誘致するのは立憲主義に反する

立憲主義という用語を、私は長谷部恭

男氏にならって「近代国家の権力を制約する思想・仕組み」と理解します(4)。「持統天皇（645〜703）以来、日本では賭博は禁制であった」といいます（双六禁止令、689年）。

戦後直後に、政府や自治体が「競馬」「競輪」の主催者となっているばかりか、「宝くじ」まで発売しているのだから、賭場を開いた者が「賭博開帳図利罪」で処罰されるのは納得がいかない、という裁判が行われます。それは、新憲法ができたのだから、刑法186条2項の規定（「賭博場を開張し、又は博徒を結合して利益を図った者は、3月以上5年以下の懲役に処する」）は、憲法13条（すべて国民は、個人として尊重される。生命、自由及び幸福追求に対する国民の権利については、公共の福祉に反しない限り［棒線部引用者］、立法その他の国政の上で、最大の尊重を必要とする）、同98条（「この憲法は、国の最高法規であって、その条規に反する法律、命令、詔勅及び国務に関するその他の行為の全部又は一部は、その効力を有しない」）に則り無効だと主張する内容でした。

1950年に最高裁の判断が下されます。「賭博および富くじに関する行為が風俗を害し、公共の福祉に反するものと認む（認める——引用者）べき」というのが、最高裁の結論でした。憲法13条がいう「公共の福祉に反しないかぎり」との文言と、この最高裁の判断を尊重する「社会的常識」さえ持ち合わせておれば、賭博という行為が「公共の福祉」にそぐわない、従って、社会的に容認されるはずはないと理解できるはずです。

安倍首相は、2015年に日本のほとんどの憲法学者が反対した安保法制を強行的に成立させました。「立憲主義を守れ」との声が、国会前から、そして全国津々浦々から上がりました。年が改まった今年は、立法府にある国会議員が自らの責務を投げ捨て、たった5時間半の、しかも般若心経を唱える質問など、非常識極まりない質疑を重ねることで法案を可決させてしまいました。

万博と平仄《ひょうそく》をとって誘致される賭博場（カジノ）ですが、用地となる夢洲は、「現役の廃棄物処分場」です。２０２８年３月末まで「現役」を続ける予定でした。廃棄物処分場を他の用途に転用するには、廃棄物処分場としての終了手続を踏まえたうえで、有害物質や有毒ガスが検出されないか、排水の水質処理基準は環境基準を満たしているか、などについて、２年間の「養生」期間が必要となります。従って２０２５年に万博を開催しようとすれば、廃棄物処分場としての役目を前倒しで終了させねばなりません。２年間の「養生」期間を考えると、廃棄物それ自体がピーク時の10分の１と大幅に減量されているなか、「万博があるから、万博を最優先に（万博ありき）」との行政判断が下されてしまえば、廃棄物処分システムそのものに大きな変更が加えられねばなりません。過去の経験に照らせば、こうした「拙速」な計画には、さまざまな無理が生じ、地域住民に深刻な被害を及ぼしかねないと思われます。

おまけに、「１兆円なら投資する」とカジノ運営会社（ラスベガス・アンド・サンズ社）のオーナーは豪語しています。カネ目当ての地域開発は、きわめて危険です。

以上、述べてきた事実をもとに、府民・市民、そして国民のみなさんが「万博・カジノ」について、正当な判断を下していただくよう期待します。なお、賭博場（カジノ）誘致については、『カジノで地域経済再生の幻想——アメリカ・カジノ運営業者の経営実態をみる』（自治体研究社、２０１５年）や「万博にまぎれてカジノ？——その愚かさを嗤う」（『前衛』２０１７年１月号）でも論じています。合わせて、お読みくださることを願っています。

4．南港（咲洲）・舞洲・夢洲の開発物語

経済成長を考えたとき、大阪経済の「弱点」は工場を立地するスペース（土地）がなかったことでした。他方で、近世以降の新田開発＝埋め立ての歴史が大阪にはありました。明治に入ってからも、大阪港（築港）を市民がおカネを出し合って整備するなど、埋め立てによる土地造成は大阪経済の主要課題と位置づけられます。

１９３１年にはじまる「15年戦争」（満州事変～太平洋戦争）の過程で、大阪には陸軍の兵器工場（大阪造兵廠）がおかれたこと、陸軍の兵器生産では民間企業への発注率が70％を超えていたこと、大阪造兵廠では火砲用弾丸や爆弾の製造を主力としていたことなどで、機械器具工業への波及効果には著しいものがありました。著名な企業をあげれば、大阪機工（内燃機械・弾丸）、久保田鉄工（発動機・砲架）、日立造船（機関銃・船舶）、松下金属（弾丸）などがあります。生産額で大阪経済をみると、戦時経済のもとで、日中戦争がはじまった１９３７年を基準（１００）として、金属工業は１９４２年に１２１（１・21倍）、機械工業は２７７（２・77倍）、化学工業は１２１（１・21倍）を示したのに対して，民需産業である紡績織物業はわずか28（3分の1以下）にまで低下していました。戦時下における大阪府の中小企業（商業）は、府や市によってやがて強制的に整備統合されるのですが、軍需産業への転廃業者も少なくはなかったのです(5)。戦争を通じて、大阪経済の産業構造が転換していたことが、戦後の重化学工業化への志向につながります。

戦後の重化学工業化を志向する企業誘致を目指して、１９５８年に大阪南港（咲洲）の埋め立て工

事がはじまります。人々の暮らしや経済活動から生まれた廃棄物（ゴミ・産業廃棄物）を使って、海水面を埋め立てていく事業でした。1965年には大阪港の弁天埠頭が完成し、翌年の1966年にはフェリーターミナルが営業を開始しました。ところが、当初目論まれていた重化学コンビナートの誘致には失敗しました。その結果、1967年には当初の方針が転換され、埋め立て地の海岸に面した場所はコンテナ埠頭に、中心部は住宅地に転用することとなりました。1980年には大阪市営住宅ポートタウンの入居が開始され、住民の交通手段として翌年の1981年にはニュートラム（新交通システム）が開通します。1975年にニュートラムが構想された時点では、大阪港駅まで乗り入れる予定でした。ニュートラムだとトンネルが小さくて済むので、建設費が安くあがり、また運輸省（当時）の港湾予算からの補助が得られることも考慮されたようです。

こうして開通したニュートラムですが、南港（咲洲）と夢洲とを結ぶ夢咲トンネルの建設費を捻出するために、大阪市は第三セクターである「大阪湾トランスポートシステム」（OTS）社にニュートラムの運営を委ねたのですが、交通アクセスとしての不便さや咲洲という魅力に乏しい住環境が災いして、同社は経営難に陥ってしまいます。南港でトラック・ターミナルなどを経営する優良物流企業だったOTS社も、鉄道部門を抱えることで赤字経営が続き、2005年7月には鉄道事業の経営を大阪市に委ねることになりました。

廃棄物（一般・産業）処分場としての舞洲・夢洲

1970年から1980年までに国内総生産（名目値）は約6倍に達しました。大量生産・大量消費による廃棄物が大量に排出されました。1970年には、埋め立て造成（港湾整備）と廃棄物処分を同時に行う仕組み・組織づくりとして「大阪湾フェニックス計画」が立案されます(6)。これは、長期・安定的に広域の廃棄物を処理する観点から、海面に最終処分場を確保し、埋め立てた土地を活用する計画です(7)。舞洲を皮切りに、夢洲、新島と廃棄物処分場の整備がこうして進められます。埋め立て地の活用にあたっては、これらの埋め立て地には、産業廃棄物だけでなく、大阪湾の浚渫土砂も埋め直されているので、浚渫土砂に含まれているダイオキシンやPCB、重金属などの汚染物質の環境調査も必要です。

1972年には舞洲の護岸整備が始まり、翌73年に廃棄物を受け入れます。夢洲では、1977年に護岸整備が始まり、85年から廃棄物の受け入れが始まりました。新島については2001年に護岸整備が始まりましたが、2010年には事業を休止しています。

このフェニックス計画に対しては、「廃棄物処理に名を借りた大規模港湾土地造成事業であって、産業廃棄物処分と跡地利用を目的とした土地造成とは相容れない」との批判がありました。この批判は、廃棄物による海面埋立てを禁じているサンフランシスコ湾計画（アメリカ）にならって、できるだけ陸上での廃棄物の資源化・減量化を進めて、発生量を最小化すべきという批判でした(8)。すでに1973年には「瀬戸内海環境保全臨時措置法」が制定されており、公害防止・環境保全のための埋め立て以外は、大阪湾ではできないことになっています。

処分地には限度があることから、埋め立てに使う廃棄物や残土の受け入れ量をできるだけ減らすことで対応しているのですが、その分、処分場として運用する期間が伸びることになるので、運営費が増大してしまい、埋め立て原価の増大につながります。おりしも、不動産評価基準が改正されていることから、土地評価額も減額を余儀なくされ、埋め立て費用や土地の造成費用がまかなえるのかとの懸念もあります(9)。

仮に、万博・カジノ誘致が実現したとすると、廃棄物処分場としての夢洲の役割を大きく変化させねばなりません。先ほどの指摘（24ページ）に付け加えると、港湾施設として利用するのに先立って、まずは処分場としての役割を廃止させねばなりません。廃止するには、①処分場から海面に放流される水質が一定基準以下であること、②埋め立て地からのガスの発生がないこと、③埋め立て地の地中が高温になっていないこと、④埋め立て地の沈下がないこと、これらの基準が2年以上にわたって維持されていること、といった要件が必要となります(10)。そもそもは、２０２９年3月まで廃棄物処理場として運用することが予定されていた夢洲ですから、ここを会場に使おうとすると、かなりの程度、無理を重ねなければならないことが予想されます。

瀬戸内海環境保全特別措置法

１９６０年代から70年代にかけて頻発した赤潮被害に対して、大阪湾を含む瀬戸内海の環境保全を目的に、「瀬戸内海環境保全臨時措置法」が成立しました（１９７３年）。その後、１９７８年に恒久法となりました。この法律の基本理念は、「自然景観と文化的景観あわせもつ景勝の地」「漁業資源の宝庫」など、瀬戸内海がもっている「多面的価値及び機能」を「最大限に発揮された豊かな海」にすることにあります。

失敗相次ぐ湾岸開発

話を開発物語にもどしましょう。大阪湾岸のような大規模な埋め立て地を活用する開発には、①埋立地の売却益で自治体財政が潤う、②遊休化した工業・運輸施設を活用できる、③サービス経済化に対応したインフラストラクチャー（社会資本）を整備する一石三鳥の効果が期待されました。こうしたなかで、1989年の市制施行100周年を展望して、1983年には「テクノポート大阪」構想が立案されます。

「テクノポート大阪」構想

「テクノポート大阪」構想は、既成市街地を再開発した新都心の形成には巨額の経費を伴うことから、埋め立てが進んでいた咲洲・舞洲・夢洲を舞台に選び、大阪市が「21世紀に向かって活力ある国際情報都市として、さらには快適な都市環境を備えた産業・文化都市として発展していく」ため、「近畿圏・大阪都市圏の発展をリードする拠点としてのまちづくりを行う」とされました。大阪の新都心として期待された「テクノポート大阪」は、つぎの三つの機能を担うとされました。第一は、「国際交易機能」で、これは国際物流施設・国際見本市会場・ワールドトレードセンター（WTC）・アジア太平洋トレードセンター（ATC）といった施設によって担われます。第二は、「情報・通信機能」で、大阪テレポートや光ファイバーなどの活用によって担われます。第三は、「先端技術開発機能」で、先端技術開発・研究施設や、商品開発・展示施設、システム開発センターなどの施設の集積によって担われます。

ハコモノ造りに終始

1988年に大阪市から示された「テクノポート大阪」の「都市像」は、①世界各地から人々が集まり、情報・文化・技術などの交流や創造活動を行えるまち、②常に新しい体験が得られる未来指向のまち、③国際化・情報化に対応した24時間活動するまち、④人間味あふれる「あたたかみ」と「ふれあい」のあるまち、⑤水、みどりを生かした「うるおい」と「やすらぎ」のあるまち、という「五つの都市像」が示されていました(11)。

この計画のなかで建設されたのが、総事業費1193億円をつぎ込んだ大阪ワールドトレードセンタービル(WTCビル。1995年完成。地上256m、55階建)であり、総事業費1465億円をつぎこんだアジア太平洋トレードセンター・ビル(ATCビル)でした。WTCは、完成直後の1996年度決算から債務超過に陥りました。2003年3月の時点で債務超過額は236億6446万円にも達しました。2004年2月の金融機関との調停で、大阪市が家賃・共益費の名目で40年間にわたり1280億円を負担すること、金融機関が137億円の債権放棄を行うことなどの再建計画がまとまりました。ATCも、高い賃料や都心からのアクセスの不便さなどで、入居企業の撤退があいつぎ、資金繰りの悪化から経営破綻しました。要するに3000億円近くを投資した事業に失敗したわけです。

失敗の総括

2009年2月に咲洲プロジェクトチームが「咲洲・夢洲地区のまちづくりについて」と題する報告書を公表しています。ここでは、テクノポート大阪構想失敗の理由や背景が記されています。

１９５8年に始まった大阪南港＝咲洲地区（コスモスクエア地区）の開発の顛末《てんまつ》は、「土地利用率が75%に、従業人口も3万７０００人という想定が、約40%の1万４０００人にとどまるなど、当初の計画通りになってはいない状況」と失敗を認めたうえで、「高速大容量の光ファイバー網の充実など情報通信技術は想定以上に発達し、テレポートそのものが陳腐化」してしまったと述べます。

２２０haある舞洲は東側が物流・環境ゾーン、西側がスポーツ・レクリエーションゾーンと位置づけられ、高校野球で使われる舞洲球場やテニスコート、ホテルなどがあります。舞洲をスポーツアイランドとする基本計画は１９９０年に作られており、一時は人工スキー場やゴルフ場を設けるプランもあったといいます。

マイナスイメージの払拭①——オリンピックの誘致

こうしたなかで、舞洲をメイン会場とした「２００8年オリンピックの開催」（「世界初の海上オリンピック」）構想が浮かび上がります。１９９5年には、「国際集客都市」構想を掲げる磯村市長は、すでに前任者の西尾市長時代に構想が浮上していた２００8年夏季オリンピックの開催に、大阪市として名乗りを上げました。横浜市との国内の「招致競争」には勝利したものの、２００1年のＩＯＣモスクワ総会では、大阪は第1回投票で6票しか集めることができず、50億円の誘致経費を費やしたオリンピック招致は失敗に終わります。

舞洲では、五輪誘致に失敗した後は、未利用地の活用が課題になっていました。ようやく、サッカーＪ2のセレッソ大阪が練習場を設け、府民共済ＳＵＰＥＲアリーナはバスケットボールＢリーグ・大阪エヴェッサの本拠地になりました。さらに舞洲球場の北西側にはプロ野球オリックスが、2軍専用球場や室内練習場、選手寮などを建設しており、2017年から利用が始まります。

オリンピック誘致はインフラ建設の口実だった

オリンピック開催を前提としたインフラ建設では、関西国際空港の第二滑走路が建設されました（2期工事）。関空2期工事に関しては、大阪府企業局は「一般会計から2000億円の持ち出し」と明らかにしています。このあたりから、大阪市や大阪府は、イベントにかかわった交通インフラ建設に血道をあげるようになったと思われます。

たとえば、現在でも誰も住んでいない夢洲とスポーツランドがある舞洲との間に架けられた「夢舞大橋」（1999年完成）があります。世界初の浮体式旋回可動橋です。自動的にジャッキアップして、橋そのものを旋回させて大型船舶が航行できるようにする仕組みです。この橋を建設するのに費やした事業費は635億円で、1回の開閉に必要な経費は約100万円と試算されています。誰も住んでいない夢洲には、もう一つの交通アクセスがあります。「夢咲トンネル」という海底トンネルで、この建設には1060億円もの大金が注がれました。また、手前にある咲洲（南港）には、「なにわの海の時空館」があります。これは、大阪市の市制100周年記念事業として2000年に完成した「ハコモノ」です。船舶や海運、海洋をテーマとした大阪市立の海事博物館なのですが、この建物の総事業費は253億円でした。2006年に指定管理者制度に移行したのち、2013年に閉館となりました。

そこで、次のような方針転換がはかられます。「今後、臨海部の活性化に向けては」としたあとで、「臨海部が有しているメリットや特性を活かす観点や、既存施設の集積を最大限に有効活用する観点で、策定後20年以上経過したテクノポート大阪計画に変わる新しい活性化ビジョンを策定し、地区のマイナスイメージを払拭する取組みが必要」と大阪市は述べています(12)。

マイナスイメージの払拭②――パネルベイ構想

大阪湾岸開発への「マイナスイメージを払拭する取組み」として登場したのが、「産業集積を高め、わが国全体の成長エンジンに」という目論見でした。２００８年12月の大阪商工会議所による「大阪湾岸地域の活性化に関する提言」は、そのように高らかに宣言します。

この提言は、大阪・堺・尼崎・神戸・姫路の五つの商工会議所による初めての共同提言となりました。「われわれの最大の課題は、初期の建設・設備投資特需による一過性のプラス効果にとどまらず、大阪湾岸を核として進みつつある次世代を担う先端的モノづくり産業の立地を活かし、さらなる産業集積に弾みをつけるとともに、地域の中堅・中小企業をはじめさまざまな業種・規模の地場企業との融合を促進し、幅広い経済波及効果を得ていくことである」とうたいます。長い引用になりましたが、この考えこそは、戦後の大阪湾岸開発の「哲学」が凝縮したものなのです。

そこで提案されたのが「パネルベイを先端業振興の戦略拠点に」という地域開発モデルでした。提案された２００８年当時の認識によれば、大阪湾岸には、「シャープの液晶パネル工場と薄膜太陽電池工場（堺市）、パナソニックのプラズマ・ディスプレイ・パネル工場（尼崎市）、ＩＰＳアルファ

大阪湾岸(ベイエリア)開発の顛末

1958	南港埋め立て開始。石油精製コンビナート建設を目論む
1964	「70年万博」の予定候補地に南港があがるが頓挫
1965	弁天埠頭(大阪港)完成
1966	フェリーターミナル営業開始
1967	重化学コンビナート建設断念→コンテナ埠頭・住宅地に転換
1972	舞洲の護岸整備開始(73年より廃棄物受入)
1975	ニュートラム(新交通システム)構想(住之江公園～大阪港)
1977	夢洲の護岸整備開始(85年から廃棄物受入)
1981	ニュートラム営業開始(大阪港駅ではなくコスモスクエア駅まで)
1982	大阪湾フェニックスセンター設立(廃棄物処理・埋立・土地造成)
1983	「テクノポート大阪」構想(総事業費2兆2000億円)
1988	「テクノポート大阪」・都市像」公表
1991	ワールド・トレード・センター(WTC)ビル着工 アジア太平洋・トレードセンター(ATC)ビル着工
1994	アジア太平洋・トレードセンター(ATC)ビル完成(総事業費1465億円)
1995	磯村市長「国際集客都市」構想・2008年オリンピック開催に立候補 ワールド・トレード・センター(WTC)ビル完成(総事業費1193億円)
1999	「夢舞大橋」完成(総事業費635億円) 2008年オリンピックの国内候補地に決定
2000	博物館「なにわの海の時空館」完成(総事業費253億円)
2001	オリンピック誘致に失敗(支持はわずか6票)
2004	WTC・ATC 金融機関と特定調停成立
2005	OTS社は大阪市に鉄道事業を譲渡
2008	「パネルベイ構想」が表面化(3兆円の製品出荷額をもくろむ)
2009	「夢咲トンネル」完成(総事業費1060億円。市は1/3を負担)
2009	橋下大阪府知事はWTCを購入し庁舎を一部移転 パナソニック プラズマパネルの世界シェアトップに(第3四半期)
2012	シャープ堺工場・亀山工場ともに鴻海グループ傘下に
2013	「なにわの海の時空館」閉館
2013	パナソニック尼崎工場売却決定

テクノロジの液晶パネル工場（姫路市）など、わが国の次世代を担う先端分野での大規模投資が相次いでいる。3拠点の投資額は合計約1兆3000億円。経済波及効果は初期投資によるものが約1兆1250億円、稼働後の製品出荷額によるものが約3兆5473億円との試算もある」とされました。こうしたことが背景になって、初めての共同提言に結実したものです。

シャープ堺工場は、「世界最先端の環境先進ファクトリー『グリーンフロント堺』」と称されました。ところが、操業開始以来、巨額の赤字を垂れ流し、稼働率が低下したシャープ亀山工場とともに、シャープの経営戦略の失敗が明らかになり、2012年からは台湾の鴻海グループの支配下におさめられました。

パナソニック社は2009年第3四半期にはプラズマパネルの世界シェアでトップに立ちました。しかしながら、液晶テレビの高画質化・低価格化や有機ELテレビの大画面化・低価格化などで競争力を失ってしまい、パナソニック社はプラズマテレビから撤退してしまいます。2010年に稼働したばかりの、2100億円を投じた尼崎工場も不動産投資顧問会社に百数十億円で売却する結末を迎えました(13)。

生活基盤の形成とベイエリア開発

以上、産業政策を中心にベイエリア開発を見てきました。ベイエリア開発のもうひとつの側面は、居住空間の形成＝生活基盤形成にありました。ここでは、少なからずの問題点が残されました。

まず、湾岸の埋め立て地で「まちづくり」を行ったことから、居住空間としてもさまざまな生活不便をもたらすことになりました。咲洲（南港）のポートタウンの計画人口は4万人でした。埋め立て地に造成された住宅地ですから咲洲の日常の生活要求を充足させるのが困難でした。いま少し具体的にこのことを振り返ろうと思います。

第一の問題は、生活関連施設（日常的な購買施設や医療施設）の立地が、入居人口に規定されるので、日常の生活要求を埋め立て地に立地する施設でまかなうことに困難を来すことです。しかも、通常の住宅地のように、地区内で充たせない生活要求を他の地区にある施設で補うことも困難で、しかも重大なことに、その負担は老人などの生活弱者に重くのしかかります。

問題点の第二は交通アクセスに難点があるということです。咲洲（南港）に導入されたニュートラム（新交通システム）も都心から離れた地下鉄駅に接続させたため、千里ニュータウンから梅田への移動時間が25分程度に対して、乗り換え時間を含めれば都心まで40分近くを要しました。

第三に、治外法権となる外資コンテナ埠頭では、税関を通過せずに一時的に仮置きされている物資を確認する手段が存在しないので、危険物表示を義務づけられている化学薬品の類が危険物埠頭以外にも大量に貯蔵されているなどの問題点があります。

第四は、周囲を恒久的な施設で囲まれているので、発展性に乏しいことがあげられます。咲洲の住宅地では、外に向かって発展することも、住宅地内部で土地利用が変化することもほとんど可能性がありません。生活困難が半永久化することが、埋め立て地に建設されたニュータウンのきわだった特徴なのです(14)。

実際のところ、住宅地にも適さず、商業地にも適さない広大な空間をどう利用するのか。ここは、化学物質による汚染の可能性がある工業地帯の浚渫残土を使って埋め立てた土地なのです。「国の内外から多くの人を集める場所」として活用する、つまりそのときどきの流行を追って、あれこれの集客産業を立地させることしか、土地の使い道は残されていないのかも知れません。

（1）田結庄良昭『南海トラフ地震・大規模災害に備える』（自治体研究社、２０１６年）
（2）永濱利廣「東京五輪の活かし方　集客の切り札　カジノの可能性」事業構想大学院大学『事業構想』（２０１４年3月号）
（3）大阪府「国際博覧会大阪誘致の可能性検討状況について」（２０１５年8月）
（4）長谷部恭男『憲法とは何か』（岩波新書、２００６年）
（5）武部善人『大阪産業史――復権への道』（有斐閣選書、１９８２年）
（6）１９８１年6月には「広域臨海環境センター整備法」が制定され、１９８２年3月に「大阪湾広域臨海環境整備センター」（大阪湾フェニックスセンター）が設立され、事業が進められました。
（7）大阪湾広域臨海環境整備センター「大阪湾フェニックス事業が果たしてきた役割と今後の展望」（２０１２年）
（8）藤原寿和（廃棄物を考える市民の会）の意見。大阪府産業廃棄物協会「産業廃棄物埋立処分場の公共関与のあり方」２０１２年所収。
（9）（7）に同じ。
（10）（7）に同じ。
（11）谷口積喜「『テクノポート大阪』計画と第3セクターの破綻」『関西再生への選択――サステイナブル社会と自治の展望』（自治体研究社、２００３年）
（12）咲洲プロジェクトチーム「咲洲・舞洲地区のまちづくりについて（咲洲プロジェクト報告書）」（２００９年）
（13）日本経済新聞電子版（２０１６年5月11日）
（14）遠州尋美「大阪湾における開発の現状と沿岸域管理の課題」『水資源・環境研究』Vol.3（１９８９年）

第2章　カジノ合法化法とギャンブル依存対策

吉田哲也（尼崎あおぞら法律事務所）

1．カジノ合法化法案の提出とその後の経過

カジノとは、もともと小邸宅を意味するイタリア語を語源とし、現在では、「ルーレット・カード・ダイスなどを備えた公認の賭博場」（岩波書店「広辞苑第五版」）のことをいうとされています。

カジノは「賭博場」ですから、カジノを開設すれば賭博場開帳図利罪として「三月以上五年以下の懲役」（刑法一八六条二項前段）、また、カジノでお金を賭ければ賭博罪として「五十万円以下の罰金又は過料」（刑法一八五条）といった刑罰に処せられることがあります。つまり、カジノは現行法上犯罪なのです。

それを、犯罪でなくしようとするのが、巷間カジノ法と呼ばれている、正式名称「特定複合観光施設区域の整備の推進に関する法律」です。あまりにも長いので、以下、この法律を、その本質に照らし、カジノ合法化法と呼ぶことにします。

カジノ合法化法が、国会に提出されたのは、2013年のことです。カジノ合法化については、それ以前から与野党において議論されていましたが、関心が大きく広がることはありませんでした。それが、2020年の東京五輪誘致が決定することで、これをカジノ合法化の好機と捉える人々

が、にわかに気勢をあげました。東京五輪開催までに、日本にカジノをオープンさせて、五輪とカジノで大量の外国人観光客を呼び込もうというのです。

２０１３年12月、国際観光振興議員連盟（以下、「カジノ議連」といいます。）に所属する国会議員らは、２０１６年12月に成立したカジノ合法化法とほぼ同じものを、カジノ議連として、初めて国会に提出しました。

その後、カジノ合法化法案は、２０１４年の通常国会の会期中、衆議院内閣委員会で一日だけ審議された後、衆議院の解散とともにいったん廃案となり、２０１５年４月に再提出されましたが、その後は、１年半以上もの間、全く審議されませんでした。

カジノ議連が２００名を超える勢力を誇っていたわけですから、カジノ合法化法はすぐに成立してもおかしくない情勢でした。それが、成立はおろか審議さえされないでいたのは、カジノ合法化に対して懐疑的な世論が大多数を占めていたからといえるでしょう。

２０１４年５月、日本弁護士連合会は、いち早くカジノ合法化法案に反対する意見書（http://www.nichibenren.or.jp/library/ja/opinion/report/data/2014/opinion_140509.pdf）を公表し、集会、学習会、シンポジウム等を開催する一方で、団体署名に取り組みました。その団体署名には、消費者団体、女性団体、労働団体、宗教団体、教育団体ほかの諸団体が応じました。一方で、マスコミ等が行なった各種世論調査では、カジノ合法化に反対する意見が、賛成意見をほぼダブルスコアで圧倒するという結果が示されました。新聞各紙もそのほとんどが、カジノ合法化に反対、あるいは、慎重との意見を内容とする社説を掲げました。

そんななか、２０１４年9月、厚労省は、我が国の成人人口の約5%、５００万人を超える人がギャンブル依存を疑われる状態にあるとの衝撃的な調査結果を公表しました。その後、それまであまり知られていなかった、ギャンブル依存がもたらす被害が極めて深刻であること、また、その治癒が極めて困難であることなどが、マスコミ等でも取り上げられるようになりました。

このような状況のなかで、カジノ合法化法案は、事実上店ざらしにされていたのです。

それが、本年11月30日、突如として審議入りして、わずか2週間の間に成立してしまいました。

これに対して、新聞各紙は社説などで、カジノ合法化法案の内容とともに拙速審議を指弾しましたし、世論は今もってカジノ合法化に消極的です。これは、カジノ合法化に対して表明されてきたさまざまな懸念に対して、カジノ合法化を提案し、あるいは、賛同する人々が応えることができなかったことの当然の結果です。

本稿では、カジノ合法化法の問題点を、特に、ギャンブル依存対策との関係を中心に触れたいと思います。

2．カジノ合法化法の内容と特徴

カジノ合法化法の内容を詳らかに読んだことのある人は多くないと思います。それほど長くないので、一度目にしていただければと思います（http://www.shugiin.go.jp/internet/itdb_gian.nsf/html/gian/honbun/houan/g18301029.htm）が、ここでは、その特徴を4点紹介したいと思います。

まず、第一に、我が国のカジノは、ＩＲ型であるということです。ＩＲとは、Integrated Resortの略で、日本では統合型リゾートと訳されています。カジノ合法化法では「特定複合観光施設」なるものが定義されており、それによると「カジノ管理委員会の許可を受けた民間事業者により特定複合観光施設区域において設置され、及び運営される」「カジノ施設…及び会議場施設、レクリエーション施設、展示施設、宿泊施設その他の観光の振興に寄与すると認められる施設が一体となっている施設であって、民間事業者が設置及び運営をするもの」とされています（法二条一項）。このうち、「カジノ施設…及び会議場施設、レクリエーション施設、展示施設、宿泊施設その他の観光の振興に寄与すると認められる施設が一体となっている施設」を一般に統合型リゾートと呼んでいます。すなわち、カジノ施設は単体で設置されるわけではなく、会議場や、遊園地などのレクリエーション施設、展示場、ホテル等の宿泊施設、飲食施設、ショッピングモールその他の娯楽施設が一体として設置されることになります。このことは、家族で出かけていく先に賭博場があるということを意味します。

第二に、これらを設置、運営するのは、「カジノ管理委員会の許可を受けた民間事業者」である（法二条一項）ということです。このことは、我が国の歴史上初めて、民設、民営の賭博場が正面から公認されるということを意味します。

第三に、こうした民間事業者とはいえ、日本全国各地にどこにでもカジノを設置することができるわけではなく、「特定複合観光施設区域」すなわち「地方公共団体の申請に基づき国の認定を受けた区域」にのみ設置することができる（法二条一項）という、いわゆる特区方式がとられているということです。そのために、カジノ誘致に「ご執心」の自治体は、船に乗り遅れまいと我先に誘致活動を進めているのです。

第四に、カジノ合法化法はあくまでプログラム法であるということです。プログラム法とは、政策の基本方針のみを定めて、その詳細については、基本方針にしたがってその後に制定される実施法に委ねるというものです。特定複合観光施設区域の整備の推進は国の責務とされ（法四条）、政府には「特定複合観光施設区域の整備の推進を行う…ために必要な措置を講」じ「必要となる法制上の措置…は」カジノ合法化法「の施行後一年以内を目途として講じなければならない」とされています（法五条）。すなわち、詳細はこれから検討されますが、カジノ合法化というゴールだけは、決まっているということになります。

3. カジノ合法化法の問題点

(1) 賭博が禁止される理由

我が国では、古来、賭博に対して厳しい見方がされてきました。古くは、689年に、百人一首で有名な持統天皇が「雙六（すごろく）禁断之令」を発したという記事が日本書紀に見えます。「雙六」は、盤すごろくとサイコロを使った賭博の一種とされ、我が国の賭博禁令の最古のものといわれています。以後、平安時代から武家政権の時代、そして、近代にいたるまでの間、ときの為政者は繰り返し賭博禁令を発してきました。そして、明治維新後、刑法が制定され、賭博罪が今のようなかたちになり、こんにちにいたります。

ところで、殺人罪や窃盗罪と違って、賭博罪そのものには被害者となるべき人が登場しません。にもかかわらず、処罰の対象となっているのはどうしてでしょうか。この点について、最高裁は次のように説明しています。「勤労その他正当な原因に因るのでなく、単なる偶然の事情に因り財物の獲得を僥倖せんと相争うがごときは、国民をして怠惰浪費の弊風を生ぜしめ、健康で文化的な社会の基礎を成す勤労の美風…を害するばかりでなく、甚だしきは暴行、脅迫、殺傷、強窃盗その他の副次的犯罪を誘発し又は国民経済の機能に重大な障害を与える恐れすらある」(最大判昭和25年11月22日、http://www.courts.go.jp/app/hanrei_jp/detail2?id=54521)。少し意訳しますと、単なる偶然の事情で財物をたまたま獲得するということを求めて争い合うというようなことでは、国民に怠惰、浪費の悪しき風潮を生じ、勤労を尊ぶ風潮がなくなり、副次的に凶悪犯罪を誘発し、国民経済が機能不全に陥っていく、といったところでしょうか。こうした考え方は、私たちの常識に沿うものですし、社会に根づいた共通認識といってよいものでしょう。そして、こうした共通認識に支えられて、我が国では古来賭博が禁じられ続けてきたといえるでしょう。

(2) ギャンブル大国への道

ところが、我が国は、ギャンブル大国への道を歩み始めます。戦前、軍馬育成名目で合法化された競馬のほか、戦後自治体の歳入不足を補うとの名目で、競艇、競輪などが合法化されました。また、宝くじやスポーツくじといった富くじも、公的財源の確保を目的として合法化されました。いずれも刑法という一般法に対置する特別法が制定されることによって、正当化されました（法律用語で「違法性を阻却する」といいます。）。これらは、軍馬育成や自治体の歳入不足対策といった初期の目的が消滅した後も、廃止されることなく、現在にいたります。賭博罪の例外を、特別法によって、なにゆえに認めてよいのかについては、伝統的には、自治体を含む公の団体が公益目的のために設置、運営する（公設、公営、公益の原則）からであるとされてきました。

一方、我が国最大の、そして、ゲーミングマシンを使った世界最大のギャンブル市場としての、パチンコも存在します。戦後の娯楽が少なかった時代にパチンコゲームで遊んで景品を持って帰るといった、古き良き時代はとっくに過ぎ去り、今では、金を賭けて勝てば金を持って帰ることのできる、数万円はあっという間、場合によっては1日で数十万円をすってしまうという、賭博の実態を備えたものになってしまっています。しかも、パチンコは、特別法で許されているわけではありません。パチンコは、公式には、金を賭けているという扱いはされておらず、それゆえに、賭博罪の違法性を阻却する必要がないとされています。賭博の実態があるのになぜ摘発されないのかについては、本稿の目的ではないので詳細は省きますが、ひとことでいえば、パチンコ産業から政治献金を受けている政治家、パチンコ産業や業界団体に天下っている警察官僚、それらから便宜供与を受けているパチンコ産業、そして、パチンコ産業から高額の広告出稿を受けているために絶対にパチンコ批判をしないマスコミといった、極めて強固かつ巨大な癒着構造が存在するためであるといえましょう。

パチンコの異常さは、全国に約1万軒の店舗を有し、売上高（貸玉料）にして年間20兆円を超え、また、世界中のゲーミングマシンの約60％が我が国のパチンコ店に存在するといった数値からも明らかであり、先に紹介した我が国のギャンブル依存の異常値は、ひとえに、パチンコが現在進行形でもたらしている害悪の結果ということができます。

このように、カジノが開設されていないにもかかわらず、日本はすでにギャンブル大国なのです。

(3) カジノ合法化による弊害

以上のような前提を踏まえて、カジノ合法化の弊害について考えてみたいと思います。弊害はいくつも考えられるのですが、ここでは、大きく7点について触れます。

まず、第一に、暴力団対策上の問題です。この間、我が国の暴力団対策は、極めて大きな成果をあげてきました。とりわけ重要だったのは、彼らの資金源を断つ努力でした。そうしてやせ細っている暴力団が、カジノという合法的賭博に目をつけないわけがありません。もちろん、暴力団がカジノを運営することは不可能です。しかし、暴力団が、カジノ運営企業やそこからカジノ運営のための下請事業を請けている一次下請け、二次下請けなど、関連事業の企業の全てから暴力団あるいはその構成員を完全に排除できるでしょうか。また、カジノには、ジャンケットと呼ばれる、VIP客をカジノに紹介する事業者がつきものです。こうした人たちは、場合によっては、カジノ客にカジノで遊ぶためのお金を貸し、回収することもします。こうした事業者は、もともと反社会的集団と親和性が高いのですが、そこから完全に暴力団を排除することができるのでしょうか。はなはだ疑問であるといわざるをえません。要するに、カジノ合法化が息絶え絶えの暴力団に生き返る道を与えてしまうのではないか、ということが強く懸念されます。

第二に、マネーロンダリング（以下、「マネロン」といいます。）の舞台を提供しないかという問題です。マネロンとは、日本語では資金洗浄と訳されますが、違法な手段によって取得された財貨が特定の場所を通過することで違法でない財貨となってしまうということです。カジノに即していえば、違法な手段で獲得されたお金をカジノに持ち込んでいったんチップに替え、再度お金に戻してしまえば、そのお金は、カジノで賭けに勝って獲得したものであるとの言い訳を許すことができてしまうということです。また、チップに交換してしまって、他人に引き渡すことも容易にできてしまい、違法な資金の追跡が困難になってしまいます。この点に関し、国際的には、カジノはマネロンを許してしまう可能性が高い事業として認知されており、我が国のカジノも、そのような舞台として利用されてしまうことが懸念されます。

第三に、犯罪の発生、助長です。日々の報道をご覧になれば分かるとおり、ギャンブルを理由とする犯罪は、毎日のように発生しています。犯罪報道には、「パチンコで遊ぶ金欲しさの」とか、「パチンコでできた借金の返済に困って」とかいった表現が、枕詞のように並んでいます。パチンコにハマりお金をすってしまった人の中には、負けをパチンコをして取り返そうとする人々がいます。そうして、パチンコで勝てば返せるのだからという不合理で歪んだ思考の果てに、パチンコ資金を盗んだりすることがあります。また、パチンコ店の炎天下の駐車場の車内に我が子を置き去りにしてパチンコに熱中したために、死なせてしまったという事件はあとを絶ちません。また、大王製紙という大企業の会長が、カジノの賭け金にするために約１０５億円もの大金を会社から違法に引出してしまい、服役したのは記憶に新しいことです。カジノ合法化後の日本では、犯罪報道の枕詞に、「カジノで遊ぶ金欲しさの」「カジノでできた借金の返済に困って」といったものが付け加わっていることが容易に想像できます。

第四に、風俗環境の悪化です。昔からバクチと買売春はセットで語られてきており、このことは、マカオや韓国のカジノ周辺を売春目的の女性やブローカーがうろついていることからも、現代に通じる話であることが分かります。また、上述のジャンケットは、上客の期待に応えるために、女性をあっせんするということがあり、カジノ周辺の風俗環境の悪化は必至です。

第五に、青少年の健全育成への悪影響です。私たちは、親から子へ、子から孫へ、努力すること、勤勉であること、バクチはいけないこと、堅実に着実に歩むことが極めて大切であるといった教育を受けてきました。これは、私たちの社会が長い時間をかけて獲得し、古来受け継いできた社会意識、そして、道徳観でもあります。一方、カジノ合法化法は、前述したように、我が国に前例のない民間賭博を正面から公認する法律です。このことのもっている意味は、計り知れず大きいと思います。バクチで一攫千金の生き方を法が公認する世の中では、自然、子どもたちにとっては、努力とか勤勉といったキーワードは、空々しいものになり、建て前の教育論が通用しなくなります。また、先にも述べたように、ＩＲ型のカジノは、家族で出かける先に賭博場があるということですから、子どもたちは、小さいころから、賭博への違和感や疑問を感じることなく成長することでしょう。そして、そういう子どもたちが大人になったときの社会は、先に紹介した最高裁判決の指摘したものとはかけはなれた世界になっているのではないでしょうか。

第六に、多重債務問題の再燃があります。高金利、過剰融資、違法取立てといったサラ金三悪が猛威を振るい、多くの方の人生を狂わせた多重債務問題は、平成18年に成立した改正貸金業法をはじめとする諸改革によって、解決に向けて大きく舵をとりました。無理な貸付けは少なくなり、サラ金の貸付残高は大幅に減少し、多重債務者減少に伴って彼らを食い物にしていたヤミ金も減りました。そして、それと軌を一にするかのように、パチンコの顧客も減っていきました。その過程は、まさに、パチンコ資金がサラ金から出ていたことを推認させる事情です。カジノは、パチンコに比べても桁違いの賭けをすることができる賭博です。カジノ合法化は、このようないったん沈静化している多重債務問題をあらためて再燃させるおそれがあります。

さいごに、ギャンブル依存の問題があります。病気としてのギャンブル依存症という言い方があり、これについては、正確には「病的賭博」とか、最近では「ギャンブル障害」といった表現が使われることもありますが、ここでは、一般によく使われているギャンブル依存症という表現をそのまま使用したいと思います。ギャンブル依存症は、いったん発症すると完治することが難しく（難治性）、また、本人に自覚がなく、また、自覚があってもそれをなかなかに認めることができない（否認）病気であるといわれています。病気であるということは、意志の力ではいかんともしがたいということを意味し、状況を改善するためには治療等の措置を講じる必要があります。しかしながら、特効薬はなく、確立した治療法もないというのが現状で、ただし、ごくごく少ない方ではありますが、GA（ギャンブラーズアノニマス）などの自助グループや、治療機関等の手助けを得ながら回復の道を歩んでいる方もいらっしゃいます。ここで、重要なことは、いったんギャンブル依存症を発症してしまうと、その事後的な対策は極めて大きな困難を伴うということです。はっきり言えることは、これまでパチンコなどの現存ギャンブルに手を出していなかった層がカジノをきっかけにして、ギャンブルにハマっていくことが多数生じるということです。

（4）カジノ合法化法も認める弊害

カジノ合法化法も、カジノ合法化による弊害が生じることを自認しています。

カジノ合法化法は、「カジノ施設の設置及び運営に伴う有害な影響の排除を適切に行う」として、いくつかの点について「必要な措置を講じる」ように、政府に義務づけています（法一〇条）。

ここでは、「カジノ施設関係者及びカジノ施設の入場者から暴力団員その他カジノ施設に対する関与が不適当な者を排除」（三号）、「犯罪の発生の予防及び通報のためのカジノ施設の設置及び運営をする者による監視及び防犯に係る設備、組織その他の体制の整備」（四号）、「風俗環境の保持」（五号）、「青少年の保護…青少年の健全育成」（七号）、「カジノ施設の入場者がカジノ施設を利用したことに伴い悪影響」（八号）といった事項が指摘されており、カジノが暴力団のしのぎの舞台になりうること、副次的犯罪の発生を助長すること、風俗環境の悪化のおそれがあること、青少年の保護や健全育成に悪影響があることが前提になっていることが分かります。また、ギャンブル依存症については、「カジノ施設の入場者がカジノ施設を利用したことに伴い」「受ける」「悪影響」（八号）の具体例の一つとして明記され、ギャンブル依存症の問題が生じることが所与の前提とされています。

（5）カジノの弊害対策

それでは、カジノ合法化法は、これらの弊害について、どのような対策を講じようとしているのでしょうか。

先述したように、詳細は実施法に委ねられているわけですが、実施法において定められる内容は、プログラム法であるカジノ合法化法の定める基本方針に従わなければなりません。そこで、カジノ合法化法が定める基本方針とはいかなるものかが問題となります。カジノの弊害対策に関連すると思われる部分について触れてみたいと思います。

カジノ合法化法は、「カジノ施設における不正行為の防止並びにカジノ施設の設置及び運営に伴う有害な影響の排除を適切に行う」ために、「ゲームの公正性の確保のために必要な基準」（一号）、「チップその他の金銭の代替物の適正な利用」（二号）、「カジノ施設関係者及びカジノ施設の入場者から暴力団員その他カジノ施設に対する関与が不適当な者を排除するために必要な規制」（三号）、「犯罪の発生の予防及び通報のためのカジノ施設の設置及び運営をする者による監視及び防犯に係る設備、組織その他の体制の整備」（四号）、「風俗環境の保持等のために必要な規制」（五号）、「広告及び宣伝の規制」（六号）、「青少年の保護のために必要な知識の普及その他の青少年の健全育成のために必要な措置」（七号）、「カジノ施設の入場者がカジノ施設を利用したことに伴いギャンブル依存症等の悪影響を受けることを防止」（八号）といった点について、「必要な措置を講じる」ように、政府に義務づけています（法一〇条一項）。また、同様に、「カジノ施設に入場することができる者の範囲の設定その他のカジノ施設への入場」についても「必要な措置を講じる」ものとされています（法一〇条二項）。

しかしながら、これらの「必要な措置」とは何かについては、条文上は明らかにされていません。また、衆議院の附帯決議においては、「依存症防止等の観点から」「個人番号カード…の活用を検討」し「厳格な入場規制を導入する」とはされたものの、それ以上に具体的な内容はいまだ不明のままです。

(6) 歴史の大転換に見合った慎重な議論が必要

賭博は、人々や社会に対してさまざまな弊害をもたらすものであって、正面から許してはならず、人々もそれについては社会的確信として捉えてきましたし、それゆえに我が国においては一貫して犯罪として扱われてきました。

カジノ合法化法は、これを正面から変更することを目論む法律であるということからすれば、これを変更するための必要性、そして、これを変更することが許される許容性が極めて慎重に調査、検討されなければならないのではないでしょうか。

必要性の検討にあたっては、「観光及び地域経済の振興」「財政の改善」といったカジノ合法化法の目的（法一条）のために、カジノの合法化が資することが前提となりますが、本稿ではそれに触れる紙幅がないので、ひと言だけ付言しますと、想定されるカジノ事業者らのオーナーたちは、日本に「最後の桃源郷」を夢見ているということです。すなわち、アジア各地で人々の財貨をしぼり尽くしてきた彼らは日本でのカジノ解禁を好機とみて、日本人がこつこつ貯めてきた金融資産を吐き出させんとの野望実現のためにやってくるのであって、自治体が納税というかたちで彼らの多少のおこぼれにあずかることができたとしても、その地域の方々が貯めこんでいた金融資産がそっくりなくなっていたという悪夢を容易に想像することができます。

一方、許容性については、カジノの弊害対策を検討することになります。カジノ合法化法はプログラム法なのだから弊害対策の具体的内容は実施法で検討すればよいとの意見もあるようです。しかしながら、プログラム法が定めるゴールに向かっていって本当によいのか、という議論が真正面からされなければなりません。議論の際には、まず、カジノ合法化法案を提案する人たちやこれに賛成する人たちがカジノの弊害対策としていったい、いかなる具体的な対策を考えているのか、その対策を講じることが可能なのか、講じられた対策によって弊害はどの程度除去されるのか、対策によっても取り残される弊害はどの程度のものか、そして、その残された弊害を社会的に容認してよいのか、といったことが議論される必要があります。先にも述べたように法文や付帯決議を見ても、その内容はいまだ明らかではありません。そして、あたり前の議論の結果やはり許されないとなったときには、プログラム法であるカジノ合法化法案そのものが否決されなければならなかったのです。

私は、このような議論が真摯に行なわれるならば、カジノ合法化法は認めてはいけない法律であることが誰の目にも明らかになったはずであることを確信していますが、誠に残念ながら、そうした議論は行なわれないまま、カジノ合法化法が成立してしまいました。

4．求められる問題ギャンブル対策

(1) 問題ギャンブルは自己責任か

ギャンブル依存症という言い方をすると、その定義は何かとか、あるいは、病気かどうかについては争いがあるとかいった物言いがつくことがあります。そこで、ここでは、問題ギャンブルという言い方をしたいと思います。これは、problem gamblingの訳で、病気かどうかはともかく、ギャンブルを原因として、社会生活上種々の問題を抱えるにいたった状態であるということで、ギャンブル依存症の状態よりは、やや広い概念であるといえるでしょう。

賭博にハマって問題ギャンブル状態に陥ったことの責任をどのように考えるべきでしょうか。一般には、好きでお金を賭けた結果なのだから自業自得という発想が蔓延しているようです。しかし、それでよいのでしょうか。

ここで成人人口の約5％もの人がギャンブル依存を疑われるということの意味を考えてみたいと思います。我が国よりも厳しいギャンブル規制をしている諸外国、また世界で最も厳しい規制をしているといわれる北欧諸国における同様の調査では、1～2％程度の数値になるようです。そして、これらはあくまで成人全体のなかでの数値ですから、仮にギャンブル参加人口全体のなかでの割合を計算し直すならば、さらに高くなるはずです。すると、いかに厳格なギャンブル規制を敷いている国であっても、ギャンブルの顧客が100人いたら、そのうち少なくとも1人、もしくは、その数倍の方々がギャンブル依存に陥っているということになります。これは、ギャンブルがサービスとして売られる以上、必然的に、顧客100人のうち1人あるいはその数倍の方がギャンブルというサービスを受けたがゆえの病気に罹患するということを意味します。さて、特定のサービスを売っている事業者があるとして、その顧客100人のうち少なくとも1人が必然的に病気になるとした場合、そんなサービスを売ること自体許されるのでしょうか。自動車メーカーが車を100台売ると、そのうち少なくとも1台は欠陥車両であるというような場合、そのような車を売ることがとうてい許されないことと同じように考えれば、このようなギャンブル事業のあり方には、たいへん大きな疑問を感じます。しかも、彼らは、そういう危険なサービスを、それと認識しながら売り続けています。そして、その危険なサービスに誘い込み、離れられなくするために、デジタル技術、音響技術等のギャンブルマシンの性能の高度化、宣伝の大規模化を図るなどしています。一方で、ギャンブラーは、その危険性を理解しないまま、その決して安全とはいえないサービスを受けています。このように考えれば、問題ギャンブラーの身に起こっていることは、消費者たるギャンブラーの権利が侵害された結果であって、ギャンブラーの個人責任に帰するのは適切ではないのではないことが分かります。

問題ギャンブル対策は、ギャンブル事業者、ひいては、ギャンブル事業を容認している社会全体の責任において行なわれる必要があります。

(2) 問題ギャンブル対策の内容

問題ギャンブル対策を検討するに際しては、問題を二つに分けて考える必要があります。

一つは、問題ギャンブルに陥った人がいる場合に、その方に対する支援を中心とする事後的対策です。しかし、その方々が抱えている問題は極めて多様であり、必要な支援といっても一様ではありま

私はパチンコ店で育ちました

K（大阪）

私の歩み

私の母親はギャンブル依存症です。母親のギャンブル歴は長く私はパチンコ店で育ちました。母親は身体障がいがあり父親とは未入籍で同居もしていませんでした。パチンコに興じる母の姿を見ること、パチンコ店にいなくてはならないことが子どもながらでも苦痛でしたが、心の片隅では母親をかわいそうと思い、パチンコを止めて欲しいとは言えませんでした。

始終お金の問題を起こし、周囲から鼻つまみ者で、子供が早く働いて親の借金を返すものだと言われ続けました。私が13才になり父親と入籍同居を始めてもパチンコ店通いは止まらず周囲を呆れさせていました。父親は無関心だったのでしょうか、母親の行動を問題視していない雰囲気がありました。いろいろな問題を抱えている機能不全の家庭でしたが、私は家ができたことが嬉しかったのです。もうパチンコ店に行かなくてもよいのです。

当時でも私のような子供がパチンコ店にはいました。パチプロと呼ばれている親のパチンコする側に寄り添い、一日の大半を店で過ごし、閉店後親と帰っていく生活です。ほとんどの子供が義務教育終了後は働きに出ますが、しばらくすると親と同じような生活となり、そのうちに借金問題を起こし消えていく…そんな子供達をたくさん見てきました。

そんな人にはならないという考えが私を支配していて、子供らしくなく可愛げもありませんでしたが、いつも先生には優しくしてもらえました。奨学金制度も教えてもらえ、進学可能であることが励みになり、私は自分の将来を選択できる状況にもなってきましたが、母親のギャンブルは止まらず、繰り返される債務問題に父親共々困り果てておりました。行政、医療、司法と相談しましたが、当時はギャンブルが引き起こす難題については適切な教えを受けることはできませんでした。

GA、ギャマノンとは?

困り果てた私が目にした、小さな新聞記事こそが、今の私たちを作ってくれました。ギャンブル依存症、GA、ギャマノンという言葉もその記事で知りました。そこから母親はGAというギャンブルを止めたいという願いを持つ人が集う自助グループ、私はギャマノンというギャンブルの問題に影響を受けた人が集う自助グループに参加を始めました。そこでは司法や有識者の支援を受けることができ、生活再建が可能であり、ギャンブル依存症は回復可能な病であると理解できました。

バースデイとは

適切な支援を受けることができ、回復していく仲間をたくさん見ることができました。ギャンブルを止めて回復を続ける年数をバースデイという行事で仲間同士祝える作業も経験でき、気持ちが前を向いていきました。今の私はあきらめずによかった。たくさんの仲間と出会うことにより、孤独感を感じないで済んでいます。隠さず話せる、このことが心の平安、成長の糧となっています。これからも自身の足で歩み、ミーティング参加を継続させていきたいと願っています。母親はGAと司法の支援でギャンブルを14年間止めることができ、そして末期癌でしたが見事なギャンブルからの回復を私たちに見せて人生を終えることができました。

せん。基本的には、医療と自助グループの二本立てが重要といわれますが、いわゆるギャンブル依存症に罹患しているようであっても、その背景に発達障害の問題があったりする場合には、治療機関につなげるということ自体が頓珍漢な対応になることがあるので、安易な決めつけをしないように注意が必要です。問題ギャンブルの結果生じている問題としては、たとえば、借金問題、離婚問題等がありますが、問題ギャンブルの状態を脱することの重要さ、また、困難さに比べれば、付随的問題にすぎないというべきしょう。一方で、問題ギャンブルに陥っている方のうち、それと自覚して表に出てくる人の割合は、数%以下であるといわれています。そうすると、表に出てくることのできない方々が表に出てくることのできるだけの環境を整えることが必要です。問題ギャンブルの相談窓口や専門医療機関の整備、拡充や、社会的偏見をなくすための啓発活動を繰り返す必要があります。

しかし、こうした活動をもってしても、重篤な状態に陥った問題ギャンブラーに対する支援としては十分ではないでしょう。問題ギャンブラーの回復については、それほどまでに大きな困難が伴うのです。そうすると、以上のような事後的対策にもまして事前の対策、すなわち、問題ギャンブルを予防するための対策が重要であることが分かります。

事前の対策としても、いくつものことが考えられます。ギャンブルの危険性を知らせるための教育、啓発活動が必要なことは当然です。問題ギャンブルに陥った方のギャンブル初体験の年齢を見ますと、圧倒的に若年時、場合によっては、未成年時であるという方が多くなっています。ギャンブル初体験の時期が若ければ若いほど、後に問題ギャンブルに陥るリスクが高まるということを示しています。であれば、ギャンブルについての教育は学齢期において徹底して行われなければなりません。そこでは、ギャンブルにおける確率論が正確に教育され、賭けの回数が増えれば増えるほど勝率がある一定の割合に収れんし、最終的には必ず負けるということ、そして、ギャンブルが危険極まりないサービスであることが教えられなければなりません。しかし、教育も啓発も、ギャンブラーの知識を高めるものではあっても、認知の歪みが生じているギャンブラーの足を停める決定的力にはなりません。

そこで、事前の対策として、最も重要なものは、人々の足をギャンブル場から遠ざける規制です。そのうちの一つが、ギャンブル場への入場規制です。まず、考えられるのが収入規制です。一定収入を下回る方については入場を制限するというものです。シンガポールでは、生活保護受給者や年金生活者の入場が禁止されています。次に、金額もしくは回数制限があります。これは、一定期間に賭けることのできる金額や、一定期間あたりの入場回数を制限するもので、シンガポールのほか、北欧においても導入されています。これらの規制を導入する以上、入場者は、ＩＤカードにより、収入や入場履歴、賭けの履歴を管理されることになります。さらには、金銭的に余裕のない人の入場を物理的に制限するために、入場料を徴収する例もあります。シンガポールでは、１日、日本円にして7000～8000円の入場料が徴収されます。そして、テレビ、新聞などの広告制限も必要になりますし、ギャンブル場そのものの立地の問題も検討されなければなりません。

(3) 今ある問題ギャンブルを直視する対策が必要

先に述べたギャンブル大国日本の実情からすれば、以上のような問題ギャンブル対策は速やかに講じられなければなりません。

近時、事後的な対策のうち、医療機関の整備や啓発活動が、まことにわずかですが、行われるようになってきました。しかし、入場規制を含む事前の対策はなに一つ行われていないといってよいでしょう。とりわけ、パチンコによる被害は、いつでもどこでも誰でも遊ぶことができ、全く入場規制が行なわれていないことから生じているものです。事前の対策はなぜ行われないのしょうか。これについて、私は、事前の対策をすることによって、ギャンブル客が減り、ギャンブル収入が減ってしまうからであると考えています。パチンコにしても公営ギャンブルにしても、どういった層が中心になっているかというと、中程度からむしろ低収入の世帯の方々です。つまり、本格的な事前の対策が講じられたときには、ギャンブル場への入場を制限される可能性のある方々が、今の日本のギャンブル産業を支えているということができるのではないでしょうか。

問題ギャンブルに陥らない安全なギャンブル消費は、世帯収入の1～2%程度との調査結果があります。日々パチンコ店に居並ぶ人々の姿を見れば、とてもその程度の賭けに終わっているようには見えません。

しかも、彼らは、ギャンブルをすることの危険性を全く知らされていません。ギャンブルのことを「低収入者に対する簡易な増税策」と評することがあります。ギャンブル産業がもともと収入が少なく問題ギャンブラーとなりやすい彼らをターゲットにしているとすれば、それはまさに貧困ビジネスとも呼ぶべきものではないでしょうか。

我が国の現存ギャンブルは、消費者にとって、極めて危険なサービスです。ギャンブル事業者はこれらのサービスを安全なものにする法的義務を負っていますし、国は、消費者たるギャンブラーを危険にさらすサービスが提供されないように必要な規制権限を行使しなければなりません。

5. ギャンブル依存対策とカジノ合法化法

今般の立法にあたっては、これによってギャンブル依存対策を進めることができるということが、あたかも立法理由の一つであるかのような扱われ方をしました。

しかし、ギャンブル依存対策、すなわち、問題ギャンブル対策とカジノ合法化論は、明らかに別の問題です。問題ギャンブル対策は、ギャンブル大国の実情からして、カジノ合法化の成否とは無関係に即時取組むべき課題です。にもかかわらず、カジノ合法化法は、その審議の過程で問題ギャンブル対策をカジノ合法化法の成立とセットとして扱いました。

このことから、カジノ合法化を進める人たちの心根を透かしてみることができます。すなわち、「カジノが合法化されない限り、問題ギャンブル対策を進めない」ということです。これは、今すぐ助けを必要としている問題ギャンブラーたちを人質にとってカジノ合法化を迫っているのと同じであり、このような卑劣なやり口には怒りを禁じえません。

カジノが合法化されても、問題ギャンブル対策が充実するならば、カジノにハマって問題ギャンブラーになる人が少々いたとしても、それは誤差の範囲として片づけられるという言い方をする人もいます。しかし、本当にそれでよいのでしょうか。カジノは、これまでパチンコにも他のギャンブルにもハマっていなかった層をターゲットにして儲けようとしているわけですから、そういった層のなかに、カジノをきっかけにギャンブルにハマりこんでいく人たちを必ず生み出します。そういった人たちは、バーター扱いされた問題ギャンブル対策を獲得するための生贄なのでしょうか。その方たちにも、家庭や、友人たちと育んできた、かけがえのない、それぞれの人生があります。そういった方々の被害を、誤差の範囲などという言葉で片づけることなど許されるのでしょうか。

カジノ合法化のあかつきには、私の周りでも、カジノをきっかけに破たんに追い込まれていく人たちが現れるでしょう。それは、私の家族や親せきかもしれないし、友人かもしれない。同僚かもしれないし、取引先の会社の方もしれない。子どもの友だちの親かもしれないし、先生かもしれません。

今後、カジノ合法化の実施法の議論が始まり、カジノの弊害対策の案もある程度目に見えるものになるでしょう。その中では、カジノ合法化の大目的である「観光及び地域経済の振興」「財産の改善」（法一条）のためにカジノに大勢の客を入場させねばならないという要請と、カジノの弊害対策の要請がぶつかり合い、問題ギャンブル対策を本気で考えていない人たちの矛盾が、明らかになるでしょう。ギャンブル大国における真のギャンブル依存対策、問題ギャンブル対策は、我が国の異常なギャンブルのあり方に対して適切な規制の網をかけることであり、カジノ合法化は我が国が進むべき問題ギャンブラーが発生しない社会とは真逆の政策といわなければなりません。

第3章　夢洲開発は危険でムダ
―南海トラフ巨大地震による夢洲での予想される被害

田結庄良昭（神戸大学名誉教授）

1．南海トラフ巨大地震と津波の高さ

南海トラフ巨大地震は、フィリピン海プレートが日本列島の下に潜り込んで大陸プレートに歪みが溜まり、それが跳ね返って起こる地震です（図Ｉ－４）。この巨大地震が起これば、夢洲では大きな被害が想定されます。

南海トラフ巨大地震の震源断層域は、長さ７００km、幅２００kmで、マグニチュードは９・１にもなります（図Ｉ－５）(1)。

東北地方太平洋沖地震では、震源付近での津波高は約２m程度でしたが、すぐ約４・７mにさらに上昇と、急激に高くなっています。この現象は、三陸沖では海溝沿いで地盤が南東に約55mずれ動いたとされる過剰滑りが生じたためとされています。

南海トラフの巨大地震でも、トラフ沿いがすべれば大きな津波が発生するでしょう。また一般に津波の波長は数km～数１００kmと長く、速度は沿岸部でも自動車なみで、津波のエネルギーが大き

【図－4】海のプレートの沈み込みで、ひきずり込まれた陸のプレートは反発して跳ね上がり地震が発生、海底の隆起・沈降で海水が隆起・沈降し津波が発生

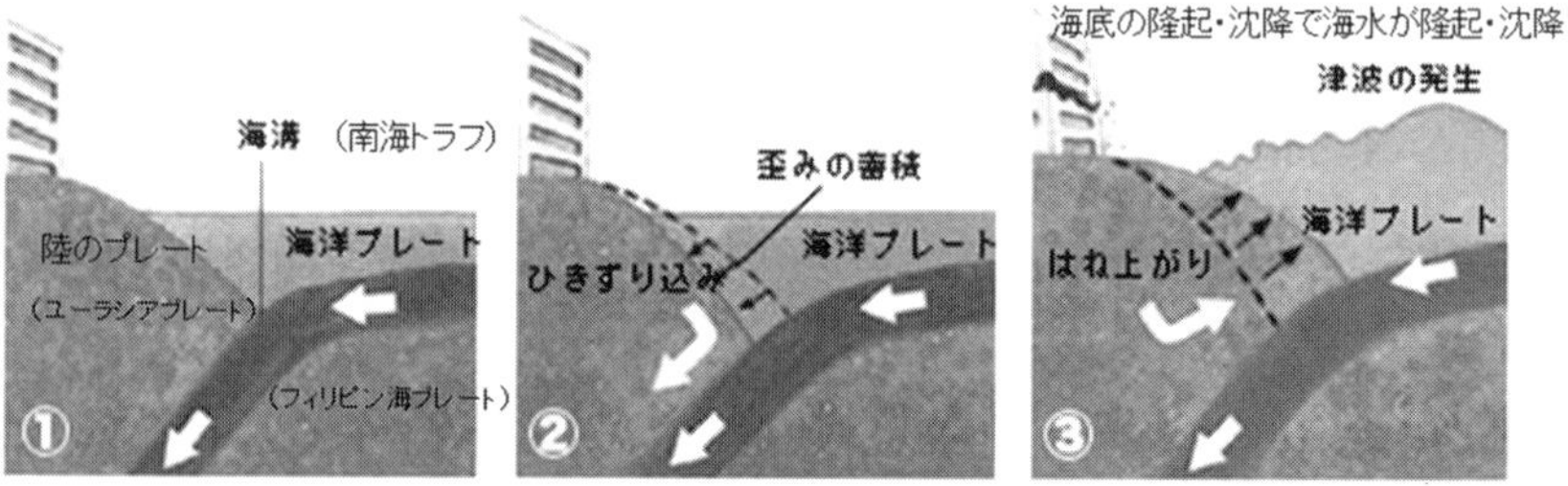

出典：東京都防災ホームページ、東京都総務局総合防災課防災管理室作成、「地震のメカニズム、海溝型地震の発生するしくみ」の図を加工

【図－5】南海トラフ巨大地震の震源断層領域、トラフ沿いの海底も変位するので、高い津波となる

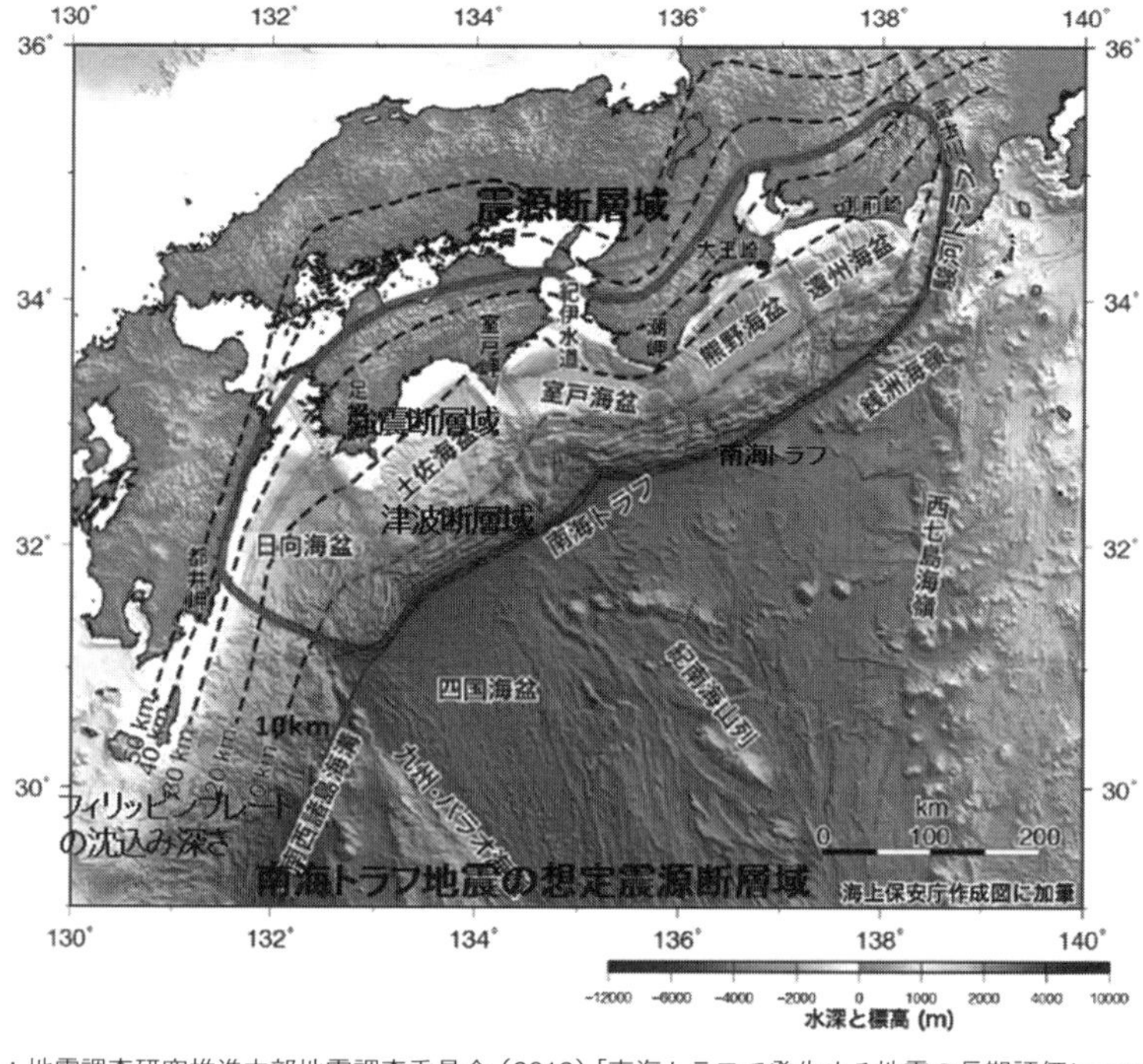

出典：地震調査研究推進本部地震調査委員会（2013）「南海トラフで発生する地震の長期評価について」

【図－6】津波の高さは海岸線での高さ、遡上高は内陸部を駆け上がった高さで津波の高さの1．5倍以上にもなり、時に4倍程度にもなる

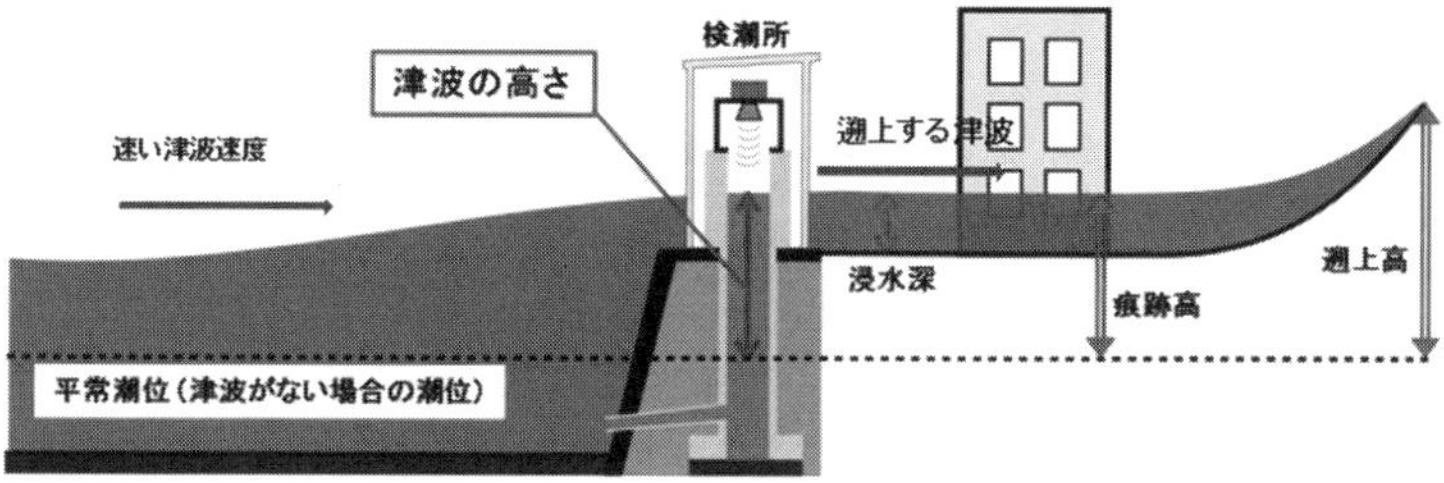

出典：気象庁（2012）「津波について」

【図－7】津波高さと夢洲の計画地盤高さの関係

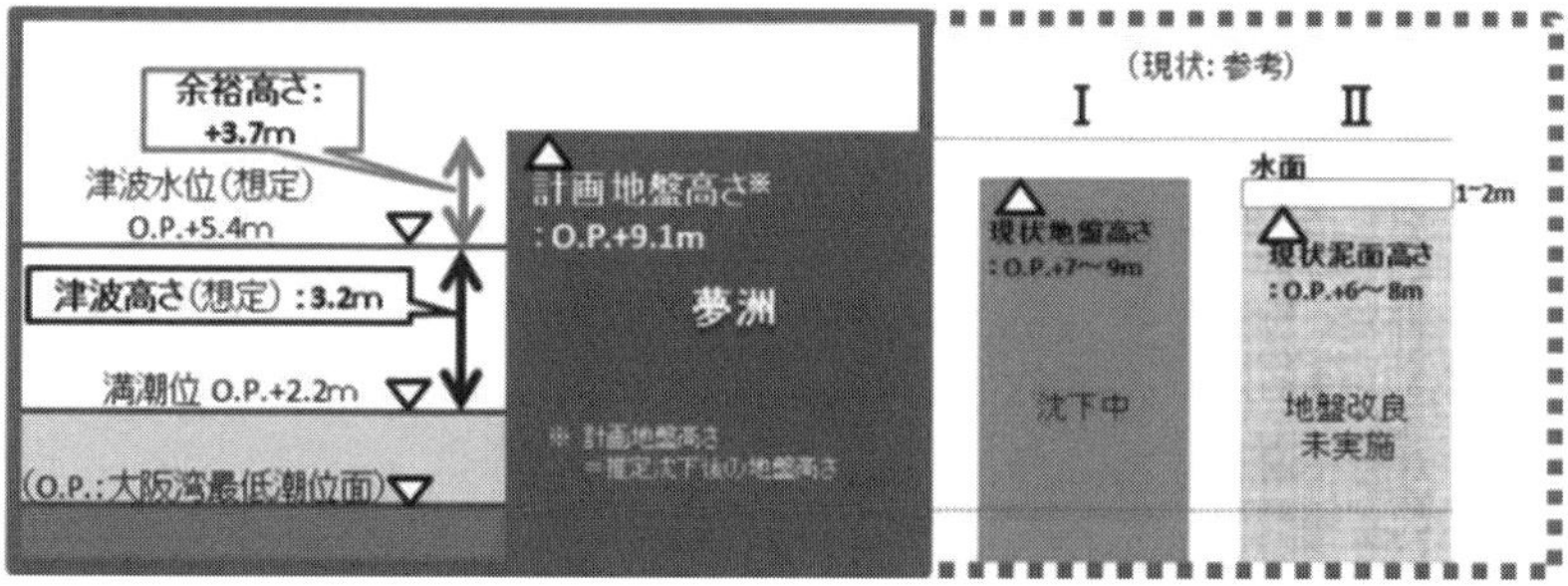

出典：大阪市ホームページ、大阪市経済戦略局、「夢洲まちづくり構想検討会（2015）、夢洲まちづくり構想（案）、中間とりまとめ、5.夢洲のゾーニングとまちづくりの進め方（4）埋立計画）」

いため簡単に陸上を駆け上がります、この高さを遡上高と言います(2)。遡上高は、海岸線での津波の高さ（津波高とも称します）の約1・5倍以上にもなり（図－6）、東日本大震災の事例でも、津波高は5m～10mですが、遡上高は40mにもなり、大きな被害になりました。

2．「夢洲」は津波にのみ込まれる

2013年8月8日に大阪府は、防潮堤の沈下や河川への遡上を考慮した独自の津波浸水想定を公表しました(3)。それによれば、最大津波水位は西淀川の淀川河口で

5・2m、此花区や港区で5m、西淀川区や住之江区では4・9m～4・3mとなり、国の想定に比べ津波浸水面積が倍以上になるなど、被害は大幅に広がります。大阪市では、上町台地より海側の梅田など市街地の多くは浸水し、一部浸水深が2m以上にも達します。それでは、夢洲は大丈夫でしょうか。

【図－8】南海トラフ巨大地震による大阪府の津波浸水想定

提供：朝日新聞。元の図は大阪府ホームページ、南海トラフ巨大地震災害対策検討部会（2013）、「大阪府津波浸水想定」（全体図）

　大阪市は、「埋め立て地の計画地盤高さは一定の高さに対処されており、津波に対し安全」だと宣伝しています[4]。詳しく見てみると（図－7）[4]、大阪府の満潮位はO.P.で、2・2m（以下O.P.表示）、津波の高さは3・2mで、津波水位は5・4mとなります。一方、夢洲の計画地盤高さは9・1mと厚盛りしており、3・7mの余裕があるとしています。これをどう見るのでしょうか。大阪府独自の津波浸水想定を見ると、夢洲の北西1区・一部3区の護岸付

【図－9】津波は、海水全体の高速の流れで、波長が長いため、防潮堤を乗り越える

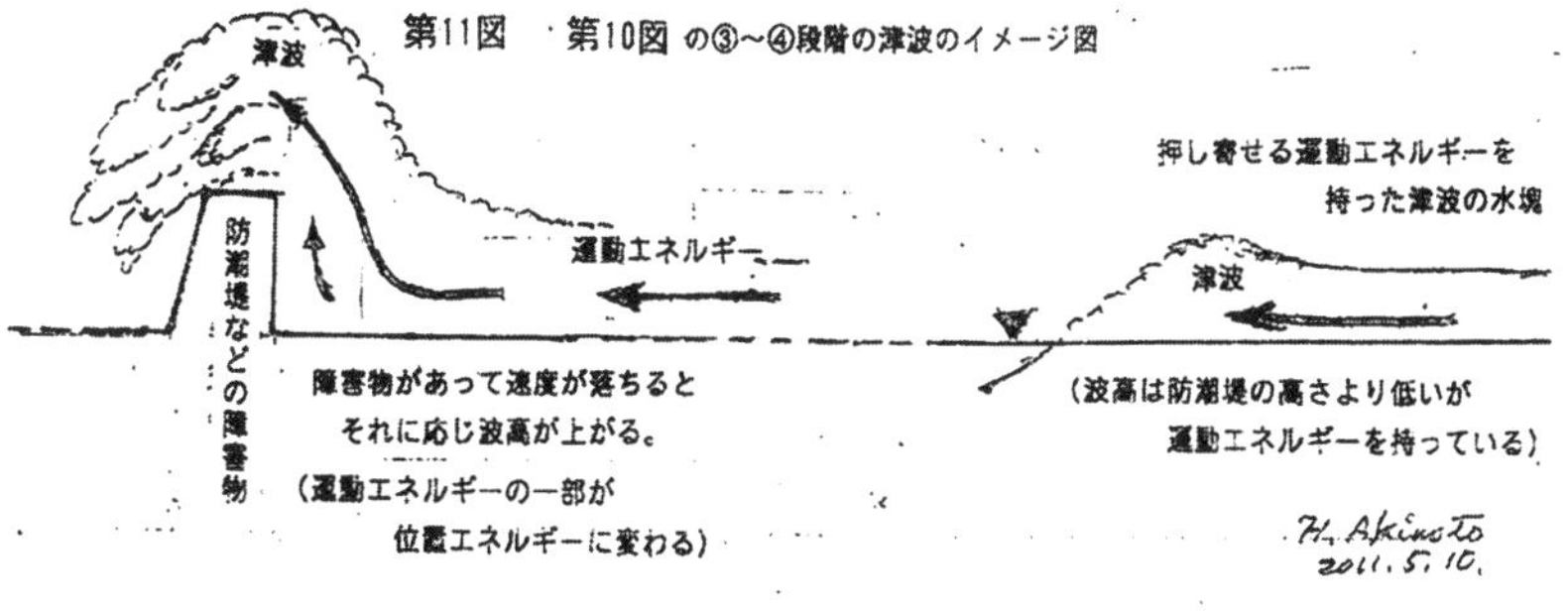

出典：秋元宏（2012）吹田地学会ニュース「地震・津波の破壊力を見る」

近で1m～2mから0・3m～1・0mの浸水を想定しています(図－8)[3][5]。また、東部4区の湾入部では、0・3から1・0mの浸水想定が描かれており、浸水しないとする大阪市の説明とは矛盾します[4]。

さらに、津波は高速の流れです。大阪市の説明では、夢洲付近の海（深さ10m）で秒速5・5mと極めて速く、しかも波長が数km～数100kmもあり、これが防潮堤にぶつかるので、津波の高さは、そこで急に高くなり、防潮堤を越える可能性があります(図－9)[6]。

津波は、海岸付近では速度が遅くなるため、後ろの波が前の波に追いつき段のように盛り上がる段波（ダンパ）が生じて高さを増し、3・2mの津波でも夢洲の6m程度の防潮堤を越えます(図－10)。越えた津波は、防潮堤に流れ落ち、根元を浸食し倒壊させます。仙台では1分間で、防潮堤が転倒しました。

夢洲の北西部の1区・一部3区から浸水した津波は、陸上を遡上します(図－11)[3]。津波は高速で波長が長いので、遡上高の多くは津波高の1・5倍以上になります。東日本大震災では、遡上高は津波高の2倍～4倍にもなりました。奥尻島を襲った地震

【図－10】夢洲と施設区分（1区：メガソーラー施設、2区・3区：万博・ＩＲ関係施設予定、4区：コンテナターミナル施設、この写真に大阪府（2013）の津波浸水想定地を挿入した

出典：大阪市ホームページ、「大阪市港湾局営業推進室開発調整課」作成、「大阪市市政　夢洲地区のまちづくり」の写真を加工

【図－11】津波で夢洲1区は2m-3mの浸水が想定され、津波は高速で波長が長いため遡上し、広範囲に浸水

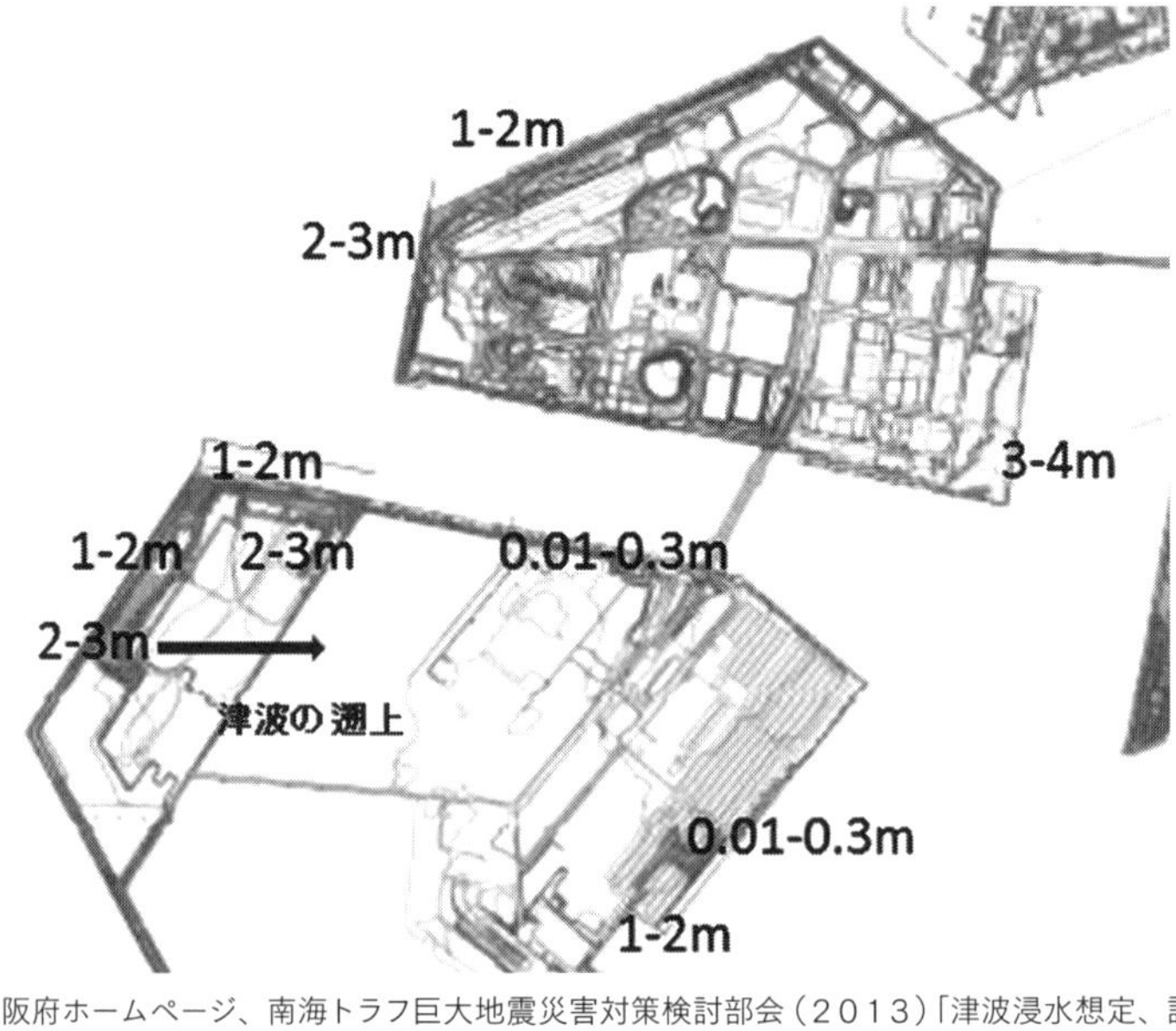

出典：大阪府ホームページ、南海トラフ巨大地震災害対策検討部会（２０１３）「津波浸水想定、詳細図」図面場号3/16

【図－12】兵庫県南部地震での液状化による神戸港の護岸沈下

出典：阪神・淡路大震災調査報告編集委員会（1997）「5章　港湾・海岸構造物」土木学会

では、津波高は15mですが、遡上高は30mにもなりました。夢洲では、津波の高さの3・2mの倍の6mの遡上高を考慮しているでしょうか。

さらに、阪神・淡路大震災では、地震動による液状化で、六甲アイランドでは3mもの護岸沈下が起こっており、夢洲でも護岸が3m沈下すると、大規模な浸水をうけ、「夢洲は波に飲み込まれるのです」。

3. 護岸沈下を想定すべき

大阪府の南海トラフ巨大地震被害想定では、兵庫県南部地震で淀川左岸の堤防が液状化で3m、猪名川でも1m沈下したこと、六甲アイランドでは3mもの護岸沈下、さらに神戸港の護岸が約平均2m沈下したことなどが充分考慮されていません（図－12）(7)。

淀川左岸堤防では、沖積砂層が液状化し、3m沈下しました。このような護岸の沈下は、東日本大震災でも各地で生じました。石巻市内陸部の大川小学校では津波浸水はないとされていましたが、津波が川を遡上し、浸水し、大きな被害になりました。

夢洲では「護岸が沈下しない」とするのは、阪神・淡路大震災や東日本大震災の教訓を学んでおらず、少なくとも神戸港での平均護岸沈下量約2mを考慮して、津波浸水を想定すべきだと思います。大阪府は護岸への鋼管杭の打ち込みによる抑止杭や、鋼矢板地中壁、さらにサンドコンパクションパイル工法による砂杭の打ち込みなど液状化や側方流動に備える必要がありますが、夢洲でこのような工事を行っているとの明確な報告はありません。

どのような護岸沈下対策工事がやられているのでしょうか。行われているのは、護岸がコンクリートの函のような直立型のケーソン式護岸だけでなく、緩傾斜型護岸が夢洲北岸の緑道で採用され、それにより護岸の損傷による沈下は軽減されるといいますが、沈下を防ぐことは出来ません。抜本的な対策が望まれます。

4．強い揺れと長時間の揺れが被害を大きくする

南海トラフの巨大地震が生じた場合、大阪市では震度6弱、大阪府下でも震度6弱から震度5強の激震に見舞われます。なお、夢洲では、大阪府の震度予測で、震度5強から震度6弱と強い揺れが生じます。しかも、その激震は3分間以上も揺れ続けます。この長い地震動が被害を大きくしま

す。ちなみに兵庫県南部地震での地震動継続時間は13秒でした。

大阪市や大阪府の多くの表層部地盤は約６４００年前の縄文海進時のきわめて軟弱な沖積層からなり（図－13）(8)、さらにその上に浚渫土を中心とした軟弱な土で盛土をしています(9)。この軟弱地盤のため、地震動は増幅され、震度６弱でおさまるかどうか不透明です。盛土や沖積層は軟弱なため地震動が増幅されるのです。

兵庫県南部地震では、神戸市長田区など沖積粘土層が広がっているところで家屋の多くが倒壊しました。夢洲ではボーリング調査から、沖積粘土層が20m以上もの厚さで分布していることがわかりました。従って激しく揺れると、建築物の多くは倒壊するでしょう。この軟弱地盤対策が充分に行われているという報告はありません。建物建設には、安定地盤まで長い基礎杭を打ち込む

【図－13】咲洲や夢洲の地下は軟弱地盤である厚い沖積粘土層（Ma13）からなり、圧密沈下が心配される天満層は洪積砂礫層（安定地盤）

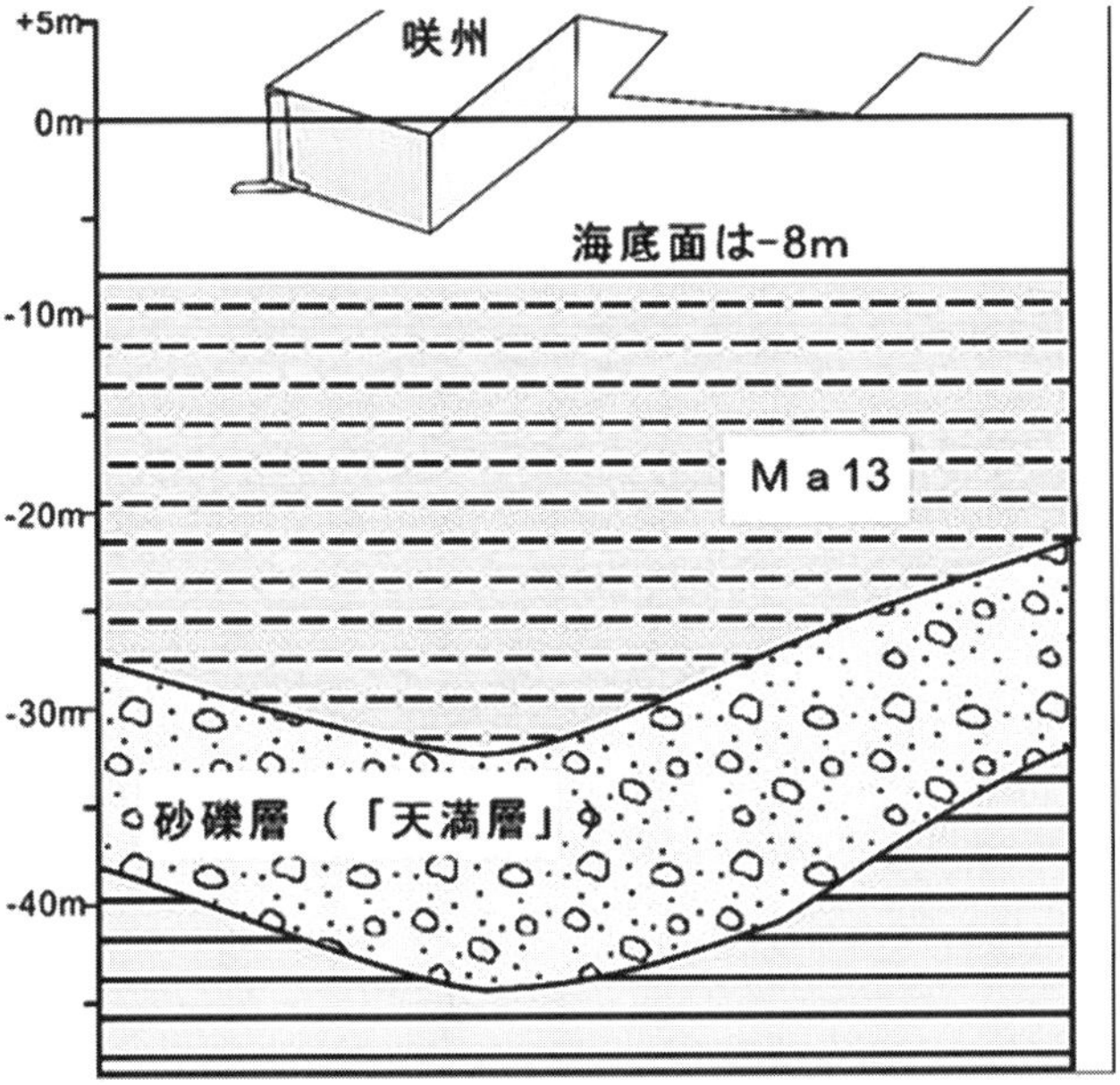

出典：佐藤隆春・田結庄良昭（2011）「生活の安全と地学」シンポジウム講演集、「住民とともに震災復興を考える － 阪神・淡路大震災から18年の被災地 －」

必要性がありますが、沖積粘土層が20mを超す厚さのため困難な工事となります。どのような対策を行うのでしょうか。

5. 液状化は発生する

埋め立て地では地盤の液状化が広範に発生する可能性があります。兵庫県南部地震では、人工島ポートアイランドが全面液状化し、護岸が1m~2m沈下し、内陸部も数10cm沈下、橋も神戸側の橋脚が液状化で移動損傷し、一時陸の孤島になりました。

また、インフラ、特に水道は、1カ月以上給水できず、市民生活の大きな支障になりました。六甲アイランドは、全面液状化し、護岸は3mも沈下し、コンテナーバースも1年以上使用できず、深刻な被害を生み出しました。地震時、埋め立て地では地盤の液状化が広範に発生することは、大阪市内でも多数経験したところです。また、東日本大震災でも東京湾の埋め立て地のあちこちで、世界最大の液状化現象が発生しました。

液状化は緩い砂で、水に飽和しておれば、震度5以上になれば発生します。さらに、地震動の継続時間が長くなれば、より液状化しやすくなります。

大阪府の液状化マップによれば、大阪湾沿岸部では深刻な液状化が生じます(10)。兵庫県南部地震でも、大阪湾沿岸部では液状化が広範囲に生じました。

さて、人工島ではどうでしょうか。

【図−14】夢洲付近の液状化想定図、黒色で示した4区と1区はＰＬ値が20を超え、液状化の可能性大

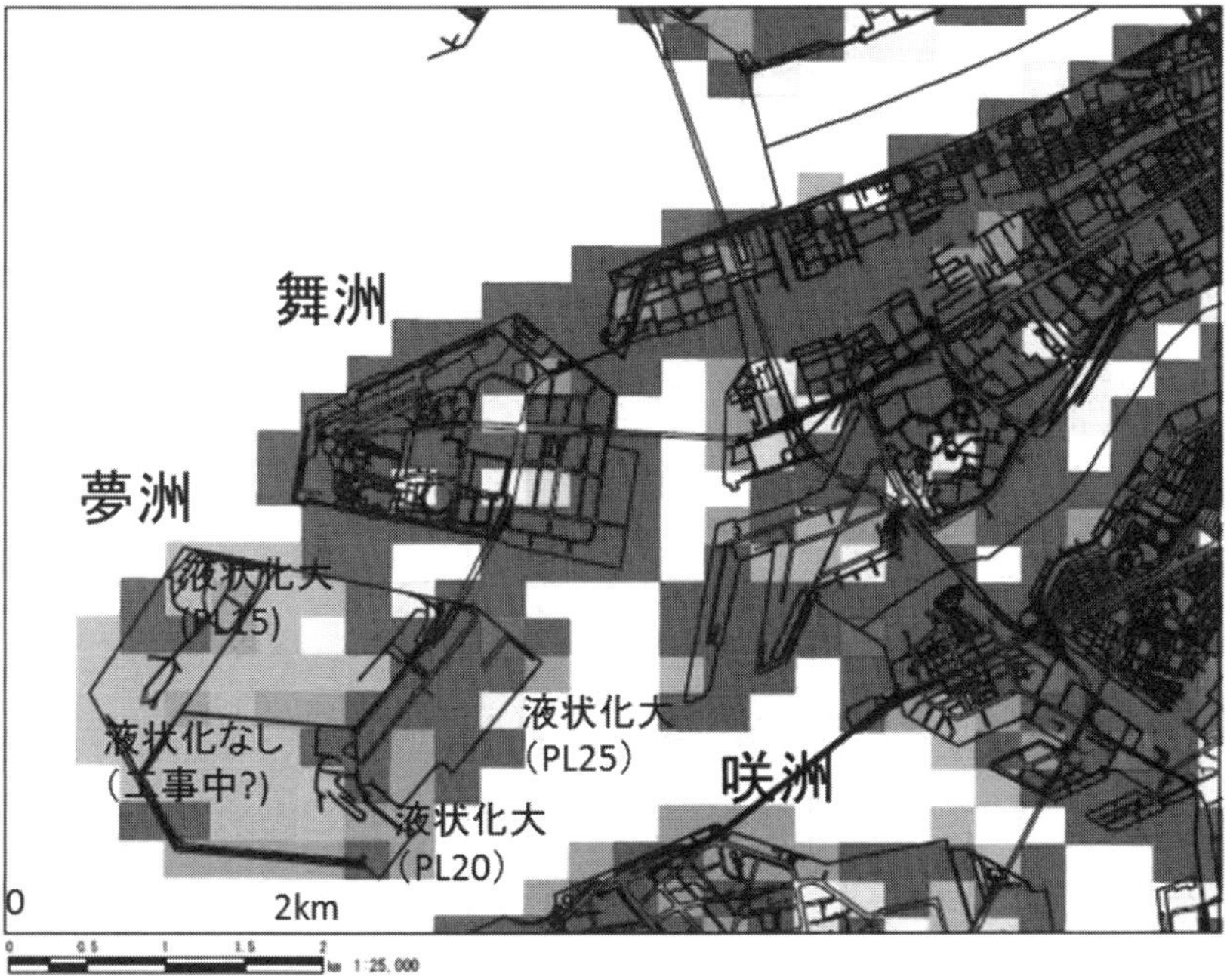

出典：大阪府ホームページ、大阪府政策企画部危機管理室防災企画課（2014）「南海トラフ地震による震度分布・液状化可能性の詳細図」液状化の可能性、詳細図面番号30/72

咲洲や舞洲では、大阪府の想定でも広く液状化することが報告されています[10]。しかし、不思議なことに大阪府の２００７年の液状化マップでは、夢洲だけが白く塗られ、液状化は不明です。埋立て途中であることによるのかも知れません。大阪市は夢洲の盛土は粘性土が多く、液状化しないと言うのです。しかし、２０１４年の大阪府の「南海トラフ地震による液状化可能性の詳細図」では、舞洲の１区から４区、特に４区では液状化の可能性が大であることを示しています（図−14）[10]。

確かに、液状化は海砂など粒のよく揃った砂粒子で生じやすく、粘土では生じません。大阪市は、その粘土の含有率が高いから液状化は生じないと説明しています。しかし夢洲では、液状化抵抗率（安全率）（＊）が高いのか否か、根拠が明確にされていません。しかし、２０１４年の液状化図では、ＰＬ値が20を超えており、液状化可能性大と記されており（図－14）、粘土成分が多くて液状化を起こさないなど、信じられないことです。

＊液状化抵抗率（安全率）ＦＬとは、地盤が有する液状化強度比（動的せん断強度比）を地震によるせん断応力比Ｌで除した値で示され、ＦＬ値が１以下で液状化が発生する可能性が高く、逆に１を越えれば低くなります。さらに、地盤の深さを考えた液状化指数ＰＬ値が考えられ、ＰＬ値で液状化を発生する可能性を検討しており、ＰＬ値が０であれば、液状化発生の可能性が低く、15を超えるとかなり高く、０～５では液状化危険度が低いとしています。

兵庫県南部地震では、ポートアイランドの盛土は粘土からレキまで幅広い粒子からなり、液状化はしにくいとされ、神戸市も液状化はしないと豪語してきました。しかし、実際は顕著な液状化が生じ、粘土成分を含むふぞろいな土は液状化しにくいという従来の考えは崩れました。

夢洲の盛土はどのような材料を使っているのでしょうか。

大阪市の報告書を読むと、西部の１区では一般廃棄物で埋め立てをしています(4)(11)。東部の先行開発地区の４区では、一般土砂・残土を使っています。中部の将来開発地区の２区、３区（万博やＩＲ計画予定地）は浚渫土砂・残土が用いられます。これを見ると、４区では、一般土砂・残土を用い、粘性土主体ではなく、どう見ても液状化の可能性がある盛土層です（図－15）。また、２区、３区は浚渫土なので、粘性土が中心ですが、残土も用いられるので、液状化をおこしてもおかしくはありません。一般廃棄物で埋め立てられている１区も液状化するでしょう。

【図−15】1区は一般廃棄物、2区・3区は浚渫土砂・残土、4区は一般土砂・残土で埋め立てられる

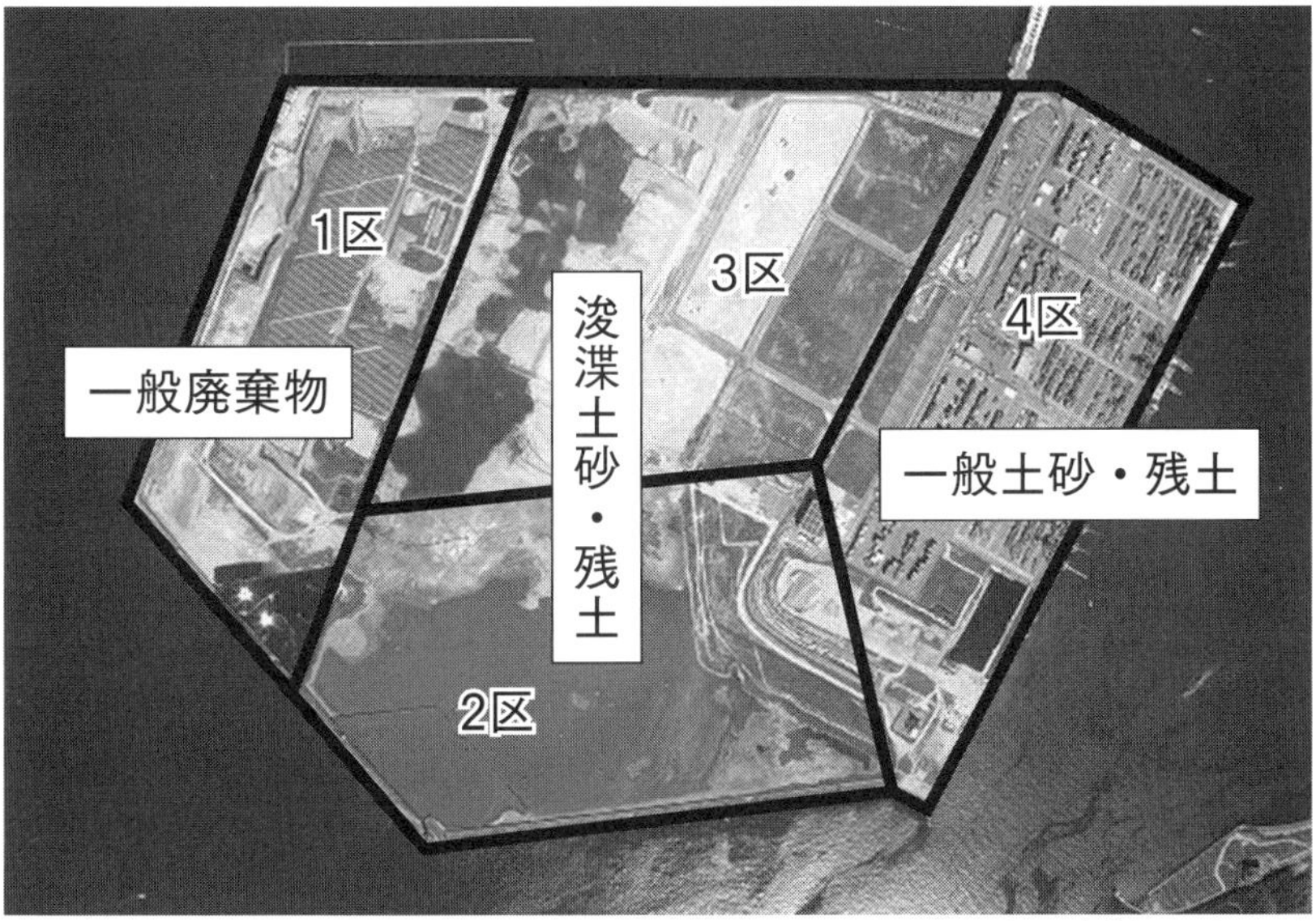

出典：大阪市ホームページの写真を加工、大阪市港湾局総務部経営監理担当（2014）「（大阪湾埋立事業について）（本編）、夢洲地区」

なお、粘性土はとても軟弱で、含水率も高く、上に重い建物が建つと、徐々に水や空気が抜け、地盤の体積が減少し、圧密沈下を起こし、土木建築には向いていないのです。この上に建物を建てるなら、軽いものしか建てられません。その上、舞洲の地下は約20ｍの厚さの粘土層です。さらに、地震動に極めて弱い粘性土が中心であれば、地震動が増幅され、大きな被害が出るので、これも大問題です。

さらに、水分を多く含む粘性土は圧密沈下するので、せっかく高く盛っても、時間が経てば沈下し、しかも不同沈下します。大阪市は10㎝以上の沈下を想定していますが、関空では、想定以上の沈下が生じ、大問題になっています。この圧密沈下に対しどのような対策をするのか疑問です。

なお、盛土だけではなく、自然地盤である沖積砂層も液状化しやすく、河口の淀川左岸では、この沖積砂層が液状化し、堤防が3ｍも沈下しました。このように、盛土地盤だけではなく、自然地盤である沖積砂層でも液状化します。沖積砂層は、沖積粘土層の上に広がり、大阪平野にも分布します。夢洲には、沖積粘土層があり、その上に薄いですが一部沖積砂層がある可能性が高く、その沖積砂層が液状化する可能性もあります。

このように、浚渫土砂や沖積粘土層は、圧密沈下しやすい層のため、万博やIR予定地には重い建物が建てられず、大きな問題です。

【図－16】地面の揺れの周期と建物の揺れの固有周期が一致すると、大きく揺れる

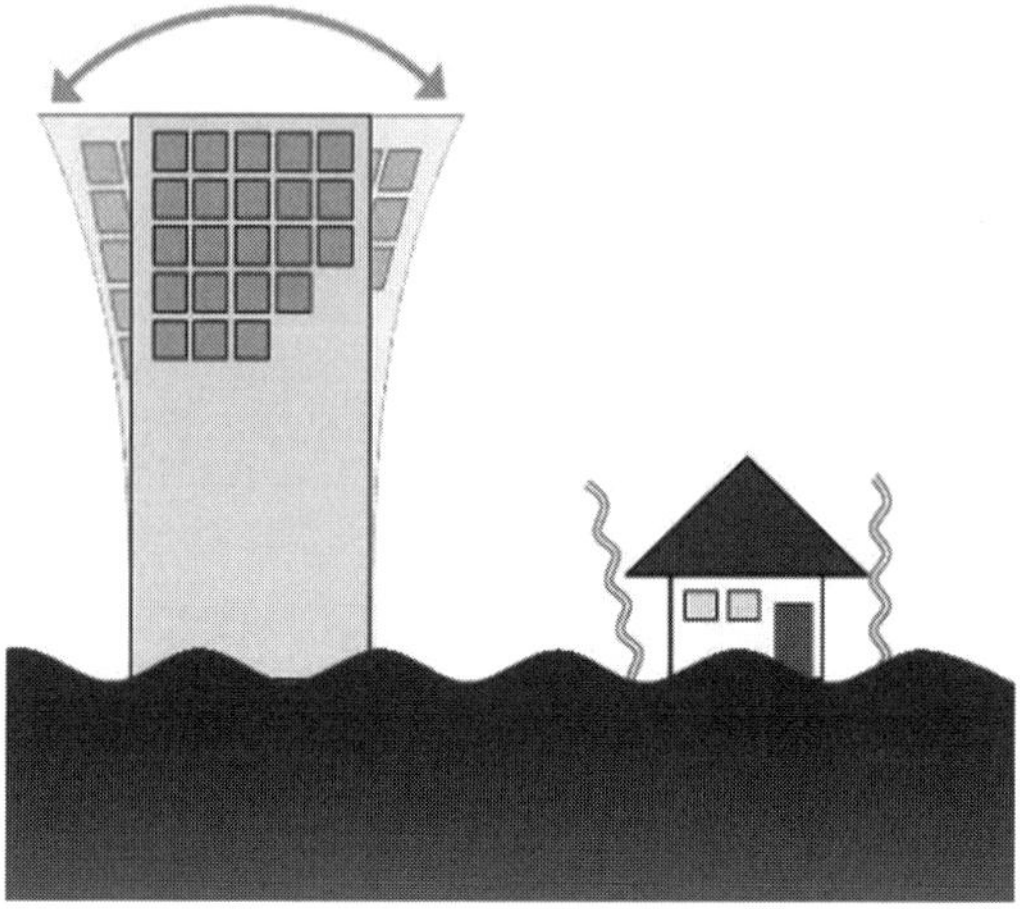

出典　気象庁ホームページ、「長周期地震動とは」

6．必ず生じる長周期地震動とは

南海トラフ巨大地震が発生すれば、周期数秒のゆっくりとした大きな揺れである長周期地震動が必ず生じます（図－16）。これが、海溝型地震の特徴です。しかも、減衰せずに大阪まで到達するのです。東日本大震災による震度3の地震動で咲洲の大阪府庁舎が6秒の周期で、左右に3ｍも10分以上揺れ、大きく損傷しました。南海トラフ巨大地震では、ビルは、さらに数ｍも揺れます。周期3秒程度であれば、低いビルディングでも被害が出ます。逆に1～2秒の短周期であれば、2階建て住宅が被害を受けます。

そもそも、長周期地震動での被害は、地盤の揺れと建物の揺れの周期が一致し、共振現象を起こし、強く揺れるのです。夢洲の地下には厚さ20mもの軟弱な沖積粘土層が分布し、長周期地震動での地盤のゆっくりとした揺れが生じやすく、長周期地震動での共振現象が生じやすいのです。この現象は、夢洲では避けられず、建物にオイルダンパーを設置するなど、揺れを減衰させる装置が必要です。必ず起こる長周期地震動のためには、高い構造物は建てられません。

万博やIR予定地では、どのような対策をするのでしょうか。

7．避けがたい津波火災

東日本大震災では、コンビナートのタンクが津波で損傷し、油が漏れ、1週間以上も燃え続けました。また、長周期地震動が生じると、浮き屋根のタンクの油は、長時間のゆっくりとした振動による揺動（スロッシングと言います）のため、洗面器の水がこぼれるように溢れ、火災が生じます。十勝沖地震では、約260㎞離れた苫小牧でこれが生じました。

大阪府沿岸部では、顕著な液状化が生じることを、大阪府は公表しています(10)。そこには、石油コンビナートの石油タンクが多数存在します。タンクは液状化による側方流動で、移動し、損傷します。阪神・淡路大震災では、神戸市の御影浜では液状化でタンクが3m以上も移動し、油が漏れました。幸いなことに、引火せず火災に至りませんでした。

大阪府は、南海トラフ巨大地震で北港地域のタンクが損傷し、2・7万klの油が流出すると発表しています（図－17）(12)。大阪湾全体では、4・4万klの油が流出します。その流出した油は、沿岸流に乗って、夢洲にも押し寄せます。それらの油に引火すれば、大火災が生じるでしょう。

【図－17】大阪府の石油コンビナートからの油類の想定流出量、北港の油は夢洲に押し寄せる

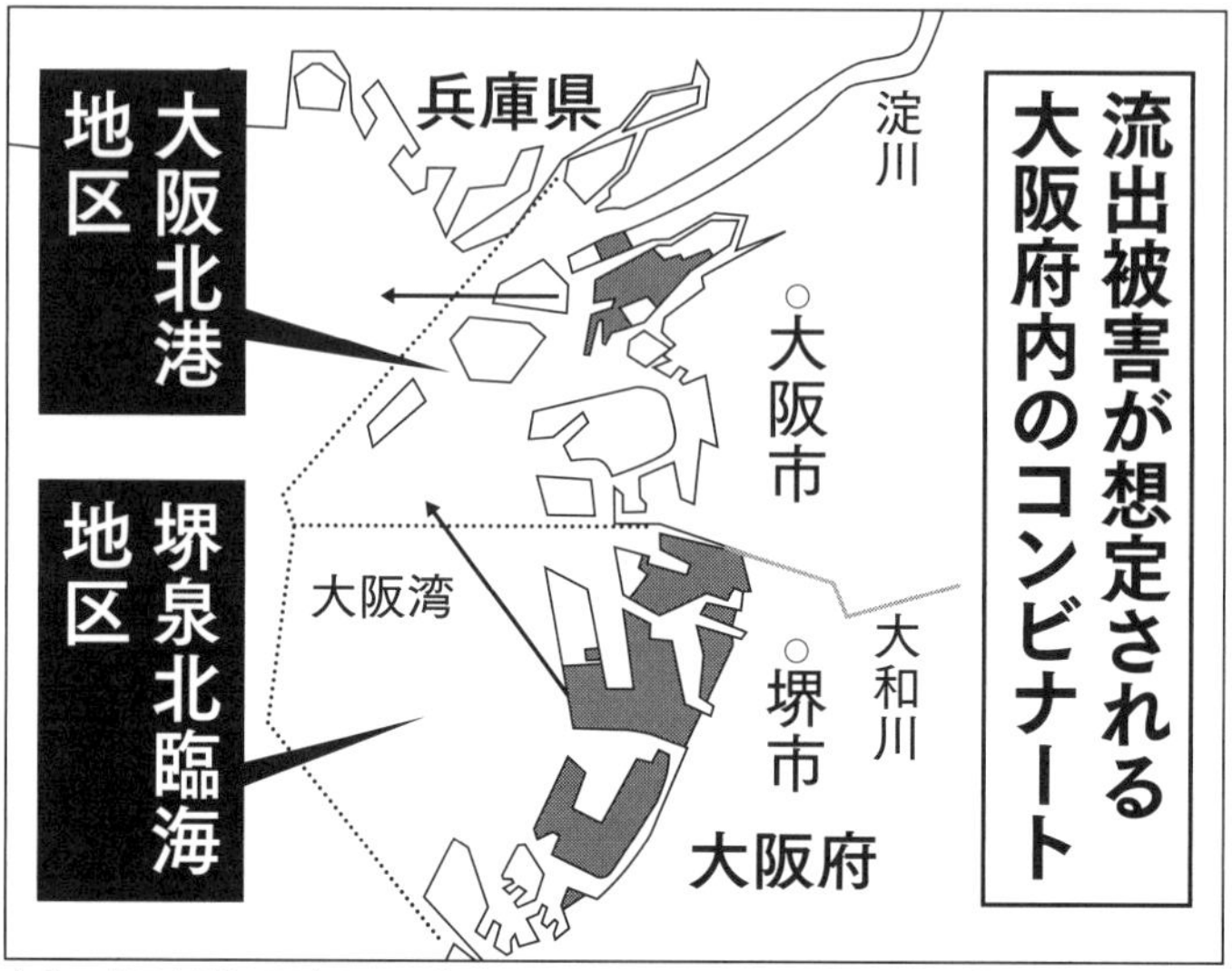

出典：朝日新聞の記事を元に作図、元の図は大阪府ホームページ「大阪府危機管理室、(被害想定④（石油コンビナート）」

東日本大震災では、津波で自動車が流出し、そこからも火災が生じています。さらに、津波の引き波で、タンクが浮力で浮き、大量に流され、夢洲に押し寄せます。これら、津波火災にどのように対処するのでしょうか。

なお、東日本大震災の火災のうち、4割は津波火災でした。夢洲で津波火災が生じると、大阪沿岸からの消防車など駆けつけることが出来ず、消火出来ません。夢洲では、流れ出した油にどのように対応するのでしょう

か。

対策として、タンクと配管との元弁を自動的に閉める装置の設置やタンク地盤に地中壁を設置し、そこの地下水を汲み上げ、地下水位を下げ、液状化を防ぐ工事などが有効ですが、莫大な費用がかかります。さらに、民間地なので、企業に管理が任され、対応が難しいのです。このような中、津波火災にどのような対策をするのか、示すべきだと思われます。

終わりにあたり、本報告は、おおさか市民ネットワーク代表、藤永のぶよ氏の支援で作成がすることができました。記して、謝意を表します。

主な引用文献・資料

（1）地震調査研究推進本部地震調査委員会（2013）「南海トラフで発生する地震の長期評価（第二版）について」

（2）気象庁（2012）　知識・解説「津波について」

（3）大阪府ホームページ、南海トラフ巨大地震災害対策検討部会（2013）、配付資料―4「大阪府津波浸水想定」全体図、詳細図

（4）大阪市ホームページ、大阪市経済戦略局、「夢洲まちづくり構想検討会（2015）、夢洲まちづくり構想（案）―中間とりまとめ―概要・本編」

（5）大阪府ホームページ、大阪府　危機管理室、岸田真男　「南海トラフ巨大地震被害による津波浸水等について」

（6）秋元宏（2012）吹田地学会ニュース「地震・津波の破壊力を見る」

（7）阪神・淡路大震災調査報告編集委員会（1997）「5章　港湾・海岸構造物」土木学会

（8）佐藤隆春・田結庄良昭（2011）「生活の安全と地学」シンポジウム講演集、「住民とともに震災復興を考える－阪神・淡路大震災から18年の被災地－」

（9）大阪市ホームページ、大阪市港湾局（2013）「土地造成事業（大阪港埋立事業）実施状況説明資料、夢洲土地造成事業」

（10）大阪府ホームページ、大阪府政策企画部、危機管理室防災企画課、計画推進グループ（２０１４）「南海トラフ地震による震度分布・液状化可能性の詳細図」、液状化の可能性、詳細図面番号30／72

（11）大阪市ホームページ、大阪市港湾局総務部経営監理担当（２０１４）「（大阪湾埋立事業について）（本編）、夢洲地区」

（12）朝日新聞記事「流出被害が想定される大阪府のコンビナート」、元図は、「大阪府危機管理室、（被害想定④（石油コンビナート）」

おわりに

「カジノ問題を考える大阪ネットワーク」を結成したのは2013年3月のことでした。当時のことを振り返ってみます。

2013年1月11日、大阪における安倍首相・橋下市長（当時）会談でのカジノ解禁議論に気をよくした橋下市長が1月26日、「カジノ合法化法案」を提出する意向を表明し、大阪府・市ともに2013年度予算に誘致に向けた調査費が計上されました。3月には関西経済同友会が「大阪ベイエリアにカジノ・リゾート構想」を提言。また、カジノ推進の「シンクタンク」と自称する大阪商業大学ではカジノ実務者を育成することを目的とした「カジノ・デベロットメント&マネージメント講座」を開講し、「えっ、学問の府でそんな！」と驚いたことでした。国会では安倍首相が現職首相として初めてカジノ合法化について肯定をする発言を行い、カジノ議連の背中を強く押し、一気に「カジノ＝賭博合法化」の動きが強まりました。カジノ関連株（セガサミー、日本金銭機械等）もそんな潮目に反応し、大幅に上昇、暗雲立ちこめる情勢の中でした。

絶対にカジノの合法化を許してはならないとの想いで、その3月、私たちは阿倍野市民学習センターに『パチンコに日本人は20年で540兆円使った』（幻冬社新書）、『カジノ解禁が日本を亡ぼす』（祥伝社新書）で勇気ある告発をされた、ジャーナリストの若宮健氏をお招きし、「カジノ解禁が大阪を滅ぼす」と題してシンポジウムを行い、そこで「カジノ問題を考える大阪ネットワーク」を結成しました。

ネットワークは青少年の教育研究、文化等に関する活動をしている「大阪教育文化センター」、依存症問題に取り組む「依存症問題対策会議」（全国クレサラ・生活再建問題対策協議会）、多重債務問題、ギャンブル依存症問題に取り組む「大阪いちょうの会」、市民運動グループ「カジノ誘致を考える会」という様々な分野にウィングをもつ4団体で構成し、事務所を大阪いちょうの会（TEL：06‐6361‐0546）におき、その後、大阪民医連（大阪民主医療機関連合会）も加わり現在に至っています。

発足後3年半、7回のシンポジウムや各種学習会への講師派遣、街頭宣伝、申し入れ活動等、様々な活動を行ってきました。

・・・・・・・・・・・・・・・・・・・・・・

2016年12月15日未明、刑法が禁じる賭博＝カジノを合法化する「カジノ解禁推進法」が強行成立しました。

今、あらためて、私たちは橋下徹氏の発言を思い出さざるをえません。

「こんな猥雑な街、いやらしい街はない。ここにカジノをもってきて、どんどん博打打ちを集めたらいい。風俗街やホテル街、全部引き受ける」（2009年10月26日）、「（日本は）ギャンブルを遠ざけてお坊ちゃま、お嬢ちゃまの国になっている。ちっちゃい頃から勝負を積み重ねて勝負師にならないと世界に勝てない」（2010年10月28日ギャンブリング・ゲーミング学会にて）。

残念ながら、このような発言が、「カジノ導入後の大阪の街」の「指針」になっていると言わざるをえません。たまったものではありません。私たちは改めて警鐘を乱打するものです。

「人の不幸を踏み台にするのか」(読売新聞、2016年12月2日)、「危ない賭博への暴走」(朝日新聞、同12月2日)、「拙速なカジノ解禁は問題多い」(日経新聞、同12月3日)、「それが『美しい日本』か」(中日・東京新聞、同12月7日)、「賭博が経済対策なのか」(京都新聞、同12月3日)。全国新聞、地方紙がこぞって反対の社説を発表しました。

また、あらゆる世論調査でも6割以上が反対の声です。私たちが12月に行った街頭でのシール投票でも8割以上が反対の声でした。

こんな国民、府民の声をふみにじった自民・維新・公明を許すことはできません。大阪選挙区選出議員では、衆議院19名のうち18名、参議院8名の内7名がカジノ賛成議員です。とりわけ、賛否が分かれた公明党は、大阪選出議員、大阪中心の比例選出議員(衆議院6名、参議院4名)全員がカジノ合法化法案に賛成しました。府民の声より、自民、維新との関係を重視したのでしょうか。「人の不幸を踏み台にするのか」。この声を私たち、ネットワークはカジノ賛成議員に突きつけていきたいと考えます。

たたかいは今からです。実施法＝「1年以内をめどに政府の責任で策定」を作らせないたたかいがはじまりました。ギャンブル依存症問題、マネーロンダリングの問題、青少年への悪影響、犯罪、治安、反社会的勢力の跋扈、刑法上の問題等々、議案提案者はすべて政府への丸投げで答弁もまったくできませんでした。賭博＝犯罪を合法化する、絶対に許せるわけがありません。各分野での取り組みを強めたいと考えます。

大阪は自民、維新、公明の関係から見て、カジノの最有力候補地と言われています。そこに拍車をかけたのが「万博＝カジノ」２０２５年構想です。「健康長寿」万博というオブラートにつつみ、高齢者の預貯金をカジノ＝犯罪施設ではきださせ、「人の不幸を踏み台」にして誰が大儲けするのでしょうか。万博は短期間のものです。カジノはそれより長く、人の生活を絞れる限り搾り取るものです。まさに一体のものです。思い出せば２０１０年大阪維新府政は「貸金特区構想」なるものをうちだしました。貸金業法の改正で年15～20％となった金利を29・２％に、総量規制をはずせ、金利をさげればヤミ金が増えるというものでした。府民の大きな運動で頓挫させました。大阪を絶対に「猥雑な街」、「いやらしい街」にさせない、この決意を大にして私たちは取り組みをすすめます。

12月15日未明を私たちは絶対に忘れません。カジノ賭博合法化法案の強行成立に抗議します。

２０１６年12月

カジノ問題を考える大阪ネットワーク事務局次長
大阪クレサラ・貧困被害をなくす会事務局長　川内泰雄

カジノ賭博合法化法の強行成立に抗議し、廃止を求める声明

2016年12月15日

カジノ問題を考える大阪ネットワーク
代表　阪南大学教授　桜田　照雄
大阪市北区西天満4丁目5番5号マーキス梅田301号
大阪いちょうの会気付

カジノ賭博合法化法（以下、「本法」という。）が、本日成立した。私たちは、本法の成立に満身の怒りを込め、きびしく抗議する。

私たちは、繰り返し、カジノ賭博合法化が、ギャンブル依存症の発生、教育、風俗環境の悪化、多重債務問題再燃、暴力団の暗躍、マネーロンダリング、犯罪の助長への懸念などの害悪を招き、そして、その害悪を抑止する有効な手立てを講じることができないこと、また、カジノ賭博場の設置がその地域の繁栄を約束せず、逆に地域経済社会の健全な発展を阻害する危険性を指摘し、本法案は廃案にすべしと訴え続けてきた。こうしたなかで本法を巡っての廃案を求める運動の広がりを通じ、私たちの訴えは国民、府民の多数に理解と共感が拡がり、新聞各紙も一致して大きな懸念を示すに至った。にもかかわらず、国会ではほんのわずかな審議だけで、国民一般が抱いているカジノ賭博合法化に対するまっとうな疑問に対して、法案の提案者らが対策の具体的内容を何ら明らかにしようとしないという不誠実な態度をつづけ、終盤において中身の伴わない依存症対策についての修正をちらつかせたうえで、採決の強行にまで至るという許しがたい暴挙といわねばならない。

本法は、憲法13条「公共の福祉」に反する違憲立法である。残念ながら賭博と公共の福祉との関連に関しては、今国会では一言たりとも議論にはならなかった。昨年、安倍内閣が，立憲主義をないがしろにして，安保法制を成立させたのと同様、今回の賭博解禁法案の国会通過は，具体的な案件について立憲主義をないがしろにする行為を，国会議員が議員立法という形で，自ら行ったといわなければならない。

憲法は「公共の福祉に反しない」かぎり，営業の自由を保障する。他方、最高裁の判断は，「賭博が『公共の福祉に反する』のは明らか」とする。

推進派がいう「賭博をもって経済成長の糧」とし、「地域経済振興の起爆剤」とする――立憲主義破壊のこうした思惑は，いつぞや私たちの日常生活を破壊していくことに，私たちは警鐘を乱打する必要がある。とりわけ「万博でカジノ」誘致を企図する大阪府・市の構想は、私たちの地域経済を歪め行財政の構造を歪め、そして日常生活の破壊につながるものであり、私たちは本法が成立したとしてもこれまで以上に大阪にカジノを誘致させない運動を府民と地域住民の方々とともに力強くとりくみつつ、本法の廃止を求めて、より一層運動の輪を拡げてゆく決意である。

行政がバクチ場つくる？

カジノは犯罪

カジノ法案強行やめよ!!

12月6日、衆議院本会議でカジノ法案（統合型リゾート整備推進法案）が自民党、維新の会、公明党の一部の賛成多数で可決されました。内閣委員会での5時間余の審議で参考人質疑も行わないという前代未聞の異常な国会運営となっています。現在、参議院で審議中ですが、自民、維新は何が何でも会期内成立をさせるという強行姿勢です。

私たちは世論の多数が反対する法案をごり押しする問答無用の暴走を到底見過ごすことはできず、強く抗議します。

新聞各社一斉に批判の社説

「人の不幸を踏み台にするのか」（読売新聞）…

翌3日、新聞各紙は社説で、「カジノ法案 唐突な採決に反対する」（毎日）、「カジノ推進法 有害不要な施設 廃案を」（信濃毎日）、「カジノ法案危うい賭博への暴走」（朝日）、「カジノ法案審議 人の不幸を踏み台にするのか」（読売）、「カジノ解禁法案 懸念解消を先送りするな」（産経）と一斉に批判しています。

カジノ法案は自民党などの議員立法で、刑法が禁じているカジノを合法化するものです。

ギャンブル依存症の防止策やマネーロンダリング（資金洗浄）などの犯罪対策は、法案が成立すれば、政府が1年後をめどに提出する「実施法案」に盛り込むことになります。

多くの国民が懸念する依存症対策や環境悪化、闇組織の参入などについては、まったく議論せず、「カジノで経済がうるおう」という何の根拠もなくバラ色に描いています。

［大阪エンターテイメント都市構想研究会作成図をもとに加工
H22年1月発行「統合型エンターテイメント・リゾート in 大阪」報告書より］

大きな反対世論を広げ、なんとしても成立阻止を

驚くことに自民党幹部は「参院でも同程度の審議で十分だ」と早期に採決する考えを示しています。

マスコミの世論調査でも、6割がカジノ法案に反対している事実を無視し、十分な審議も行わず無理やり強行しようとすることは断じて許すことはできません。

14日の国会会期末まで、大きな世論を広げ、この流れにストップをかけようではありませんか。

人の金をまきあげて、どこが経済政策なの！

カジノ問題を考える大阪ネットワーク
2016.12.12
《事務先：大阪いちょうの会事務局》
大阪市北区西天満4-5-4-5 マーキス梅田301号

▽カジノ合法化△大阪は犯罪に手をかすのか？

ギャンブル依存症ー日本に536万人

ギャンブル依存症は「病気」

「パチンコ代欲しさに横領や窃盗」「孫が祖母を撲殺し金を奪ってパチンコに」「野球賭博」などギャンブルが原因で引き起こされる犯罪や事件があとを絶ちません。なぜこんなアホなことをするのか。冷静には考えられないことをさせられてしまうのがギャンブル依存症という病気なのです。行政はこの問題に対策をとることこそ急務です。

世界有数のギャンブル大国日本！

カジノの売り上げ世界一のマカオは、年間2兆6800億円。日本はパチンコ・パチスロだけで20兆円にのぼり、マカオのカジノをはるかに超えています。競馬など公営賭博と合わせれば日本世界有数のギャンブル大国になっているのです。

その結果は悲惨です。すでに約536万人がギャンブル依存症に苦しんでおり（2014年厚生労働省）、犯罪、自殺、家庭崩壊などを招いています。パチンコですでに世界有数のギャンブル大国になっている日本に、なぜ大規模な賭博場カジノを新たに上陸させるのでしょうか。

大阪府民の財布でカジノ産業に奉仕?!

「カジノで外国の金持ちにお金を使ってもらうからいいのでは?」という声もあります。しかし、日本進出を狙っているカジノ業者は、日本人の貯蓄をターゲットにしています。

そもそも日本が刑法でトバクを禁止してきたのは、犯罪を誘発し、暴力団と結びつくだけでなく、勤労意欲の低下や家庭破壊を招くからです。国や自治体が、そんなトバクを解禁していいのでしょうか？

シール投票で反対が多数（京橋駅で）

ギャンブル依存、多重債務でお悩みの方は「大阪いちょうの会」へお電話を。
（TEL　06-6361-0546）

額に汗して働く者が報われる社会を！

【「これでもやるの？大阪カジノ万博」出版編集委員会】
川内泰雄、薮田ゆきえ、榊基子、桜田照雄、新川眞一、藤永のぶよ

【著者紹介】
新川　眞一（にいがわ・しんいち）
1960年大阪府生まれ。日本福祉大学社会福祉学部卒業。大阪司法書士会所属。大阪クレサラ・貧困被害をなくす会（大阪いちょうの会）事務局次長、全国カジノ賭博場設置反対連絡協議事務局次長、カジノ問題を考える大阪ネットワーク副代表。

桜田　照雄（さくらだ・てるお）
1958年大阪市生まれ。大阪市立大学、京都大学大学院経済学研究科を経て、阪南大学流通学部教授。博士（経済学・京都大学）。カジノ問題を考える大阪ネットワーク代表。

吉田　哲也（よしだ・てつなり）
1971年佐賀市生まれ。京都大学法学部卒業。兵庫県弁護士会所属。弁護士法人青空代表社員弁護士（尼崎あおぞら法律事務所）。日弁連消費者問題対策委員会委員、日弁連多重債務問題対策ワーキンググループ、依存症問題対策全国会議事務局長、全国カジノ賭博場設置反対連絡協議事務局長。

田結庄良昭（たいのしょう・よしあき）1943年京都市生まれ。神戸大学名誉教授、理学博士。被災体験から住民の立場で災害研究を行っており、地質ボランテイア代表、兵庫県震災復興研究センター理事、兵庫県自治体問題研究所理事、NPO法人日本地質汚染審査機構理事などを務める。

川内　泰雄(かわうち・やすお)
カジノ問題を考える大阪ネットワーク事務局次長・大阪クレサラ・貧困被害をなくす会(大阪いちょうの会)事務局長。

これでもやるの？　大阪カジノ万博
賭博はいらない！　夢洲はあぶない！

2017年2月20日　初版第2刷発行

編　者　カジノ問題を考える大阪ネットワーク
発行者　坂手崇保
発行所　日本機関紙出版センター
〒553-0006　大阪市福島区吉野3-2-35
TEL 06-6465-1254　FAX 06-6465-1255
http://kikanshi-book.com/　hon@nike.eonet.ne.jp
本文組版　Third
編集　丸尾忠義
印刷・製本　シナノパブリッシングプレス

ISBN978-4-88900-943-9